当代高等教育管理理念
与实践探究

徐国荣　著

中国纺织出版社有限公司

内 容 提 要

在经济社会飞速发展的时代背景下，人们对高等教育管理提出了新的要求。高等教育管理是以高等教育的实践活动为研究平台，运用系统的理论研究方法对高校管理进行研究，以实现对高等教育实践活动中的规划、组织、协调、控制，从理论上予以阐述的。通过对高等教育管理内容进行梳理，从多个角度对当代高等教育管理理念与实践展开了探究。立足于我国的教育管理现状，重视国内外教育管理理论的新发展，力求为教育与教学管理者提供一种新的思考路径。本书适合教育教学管理人员阅读，也可为教育与教学政策相关研究人员提供参考。

图书在版编目(CIP)数据

当代高等教育管理理念与实践探究/徐国荣著.--
北京 ：中国纺织出版社有限公司，2023.9
ISBN 978-7-5229-1139-7

Ⅰ.①当… Ⅱ.①徐… Ⅲ.①高等教育—教育管理—研究—中国 Ⅳ.①G649.2

中国国家版本馆 CIP 数据核字(2023)第196527号

责任编辑：王 慧 责任校对：高 涵 责任印制：储志伟

中国纺织出版社有限公司出版发行
地址：北京市朝阳区百子湾东里 A407 号楼 邮政编码：100124
销售电话：010—67004422 传真：010—87155801
http://www.c-textilep.com
中国纺织出版社天猫旗舰店
官方微博 http://weibo.com/2119887771
北京虎彩文化传播有限公司印刷 各地新华书店经销
2023 年 9 月第 1 版第 1 次印刷
开本：710×1000 1/16 印张：12.5
字数：158 千字 定价：98.00 元

凡购本书，如有缺页、倒页、脱页，由本社图书营销中心调换

前　言

　　高校是高素质创新型人才的培养基地，它不仅是一个社会的核心机构，还是其他各级教育部门的领头羊。因此，其自身现代化的实现对整个教育现代化有着积极的影响。在 21 世纪的知识经济社会中，各国的竞争异常激烈，主要集中在科技竞争和人才竞争上，这归根结底是集中在教育竞争上的，尤其是高等教育。因此，高等教育现代化的实现能够大幅提升国家的国际竞争力。

　　本书共七章，第一章为高校教育管理概述；第二章为当代高校教学的发展趋势；第三章为高校大数据教育管理发展的思考及对策；第四章为高校德育管理理论与实践研究；第五章为教育人力资源管理理论与实践研究；第六章为高校教育行政管理研究；第七章为高校教育计划研究。

　　当前，国内关于高等教育管理研究的相关书籍较多，但大多仍停留在理论框架和教学层面，存在实践知识点较少、时效性不强等问题。本书是多年从事教学管理实践工作的思考和总结，其中也凝聚了国内外专家学者对高等教育管理的新智慧、新观点。本书在编写的过程中参考了国内外专家学者的研究资料，其主要来源在参考文献中进行了阐述，如有遗漏，敬请谅解。

徐国荣

2023 年 7 月

目　录

第一章

高校教育管理概述

第一节　高校教育管理的内容及本质

一、教学管理组织系统

教学管理组织系统是教学管理群体为了共同目标的达成,利用权责分配,层级统属关系与团队精神构成,可以实现自我发展与调节的社会系统,以用于解决谁管理与如何管理的问题。管理体制是指组织机构安排,隶属关系与权责规划等组织制度体系统化的建设。要想充分发挥教学管理组织的功能,就要从根本上优化管理体制,促进组织结构的科学合理建设。管理系统属于结构性的关系组织,是以组织成员彼此行为关系构成的一个行为系统,更是一个随时代变迁而调整适应的生态化组织,更是成员的角色关系网。教学管理组织建设的根本目的是要构建全面的、科学的教学管理系统,构建质量管理系统与运行机制,更好地为广大师生及教育教学工作助力。教学管理系统关注的是过程管理的纵向系列与横向系列的整合。纵向系列指的是学校、二级学院(部)、教学系部和教研室;横向系列有教务部门、科研部门、学生管理部门、人事部门、政工部门、后勤保障部门等。要促进教学目标的达成,培育出更多的优秀人才,必须确保两个系列进行有效协调。

高校要构建教学管理组织系统,保证该系统的工作可以顺利高效开展,灵活创新运行,一定要打造高素质的教学管理队伍,明确机构设置,确定岗位责任。

二、教学管理的本质

从本质角度上进行分析,教学管理是在高等学校系统中,以教学子系统为研究管理对象,应用有限资源,科学安排教学过程,优化资源配置,提升教学效益。

三、教学管理的基本任务和职能

从基本任务上看,教学管理需要严格遵循教育教学规律,搞好教学管理系统的规划,运用现代科技和现代化管理方法对所有教学活动实施动态和目标管理。与此同时,强调要发挥管理协调的巨大价值,调动各方的参与主动性,确保在人才培养进程当中教学任务能够顺利完成。

教学管理职能主要是"决策、规划,组织、指导,控制、协调,评估、激励,研究、创新",这些职能之间既有交叉,同时又有着密切的内部关联,并以此共同构成了一个有机整体。

四、教学管理内容体系

做好教学管理,提升管理质量,其核心在于管理者要清楚知道管理的内容、重点管理的内容及如何能够管理好。教学管理本身是一个整体,教学管理的内容体系是从多元化角度出发进行体系框架表现的。就教学管理、业务科学体系而言,我们可以将其归纳成为四项,分别是教学计划、教学运行、教学质量管理与评价、教学基本建设管理这几个部分。如果将教学管理职能作为划分标准的话,可以包含控制协调、评估激励、研究创新、决策规划、组织指导。从教学管理层次与高度层面上进行分析,其涵盖教学改革、教学建设与日常管理这几个部分。

(一)教学计划管理

人才培养方案是学校为了提升教育教学质量,确保培养规格的关键性文件,是安排教学活动,设置教学任务,维护有序教学编制的依据所在。教学计划是在国家教育部宏观指引之下,由学校组织专家自主制订完成的,所以每个学校都拥有很高的自主权。教学计划在确定之后必须全面贯彻落实。教学计划管理的核心在于合理设计人才培养蓝图,要求学校在企业中注入极大精力,开展基本的调查研究,尤其是在获知新的教育观点、教学内容、培养模式等方面,而且需要学校本学科专业的学术教学带头人、骨干教师先进行课程结构体系的研究。只有保证课程结构体系的全面优化,将人才培养的总体规划进行有效定位,才能够为优秀毕业生的培育奠定坚实的基础。其中,特别要注意的是,在制订了教学计划之后,必须严格贯彻,切忌随意散乱。

(二)教学运行管理

教学管理基本在于利用规范化的管理确保教育教学活动有序运转,提升教学水平。教学运行管理是围绕教学计划落实开展的教学过程与有关辅助工作的组织管理。教学过程指的是学生在教师引导下的认知过程,还是学生利用接受教学活动的方式,以及收获综合发展能力的过程。高校教学过程在组织管理方面最为明显的特征是:第一,大学生学习的自主性与探究性特征明显;第二,在坚实学科教育根基上的专业教育拓展;第三,教学科研不断整合。以这些特点作为重要根据,教学过程组织管理特别要做好课程大纲的设置,设计组织管理的内容、程序、规范要求等,以便对教学过程进行检验。

(三)教学行政管理

教学行政管理是学校、二级学院、教学系部等教学管理部门结合教育规律与学校规章行使管理方面的职权,对教学活动与有关辅助工作实施科学化组织、指挥、协调调度,确保教学稳定持续协调运转。

(四)教学质量管理与评价

教学质量这个概念具有很强的综合性,判断教学质量水平指标应涵盖教学、学习与管理质量的综合性指标,才能够得到客观准确的评估。教学质量是不断累积的产物,是动态与静态管理整合形成的,所以要关注动态与过程管理,实现过程与结果的统一。革新教育思想,提升教学水平,是做好教学质量管理的基础前提。要做好质量监控,设计全程质量管理,构建与校情相适应的质量监控体系与运行机制,首先必须对质量监控的概念、要素、组织体系等进行梳理,认真研究质量监控与保障的有关问题。高校要积极构建围绕核心、科学化与可操作性强的质量管理模式。

第二节 高校教育管理的指导思想及原则

一、高校学生管理的理论根据和指导思想

管理科学化在提升管理效率与教育质量方面意义重大。管理科学化的实现,依赖于与客观实际相符的、人性化与规范化的管理制度,而以上所有均离不开科学管理思想。科学化的管理思想总共有三个层次,分别是认知理论的管理思想、管理遵照的基本原则与实践中的运用方法。

(一)管理思想

管理思想是关于管理的观点、理论或观念,是管理理论与实践在人头脑中的一种反应。管理思想对管理实践具有重要的指导作用,是行动的先导。管理思想伴随社会和管理实践的产生、发展与变化

而发生改变。古代的朴素管理方式在四大文明古国等国家当中非常盛行。公元前2000多年,古巴比伦的《汉谟拉比法典》——这个重要的法典就体现出了古代法规管理的思想。我国在公元前1100多年诞生了经济管理思想,在这之后又有人治、法治等管理思想的产生。到了19世纪的后期,受机器大生产的影响,欧洲产生了过程管理、古典科学管理思想等。

20世纪60年代之后,产生了大量的管理学派,促进了管理思想的繁荣。

高校学生管理是教育管理的重要组成部分。管理思想应该和教育管理思想一样,均为复杂综合的重要理论课题,也应确定理论前提,与一定的思想理论进行紧密关联,以便确定其基本方向。站在哲学的角度进行分析,高校学生管理思想主要包括:

1. 运用相互联系的管理思想

高校学生的管理属于社会现象,具有很强的综合性与复杂性。假如站在宏观角度上进行研究的话,高校和社会、家庭,乃至于整个时代都是存在密切关联的,广大高校学生也不是孤立和隔绝于世的,因此高校学生管理会涉及社会、家庭,在影响时代的同时也受时代影响或制约。

若是站在微观角度上进行分析,高校学生管理的各个要素之间既存在着彼此联系又存在着制约的关系。比方说,管理和教育间的关系、管理和服务间的关系等都是互相影响与制约的。

2. 运用动态平衡的管理思想

管理是一个系统性的过程,该过程处在持续不断的发展变化过程中,不单单会受政治、经济、文化等诸多要素的影响,还受高校本身诸多因素的影响。任何事物都处在不断变化的过程中,管理工作也是如此,其目的是在发展过程中不断完善与进步。另外,被管理者及被管理者的思想行为、人格等也会在学生管理过程中发展完善,因而要将动态平衡管理理念应用到管理实践当中，就要用哲学中发展的观点，做到与时俱进，立足现实，着眼未来，探究新情况，解决新问题。

3.运用对立统一的管理思想

高校学生管理实践活动当中包含着多元化的矛盾关系，因而要借助对立统一的管理思想，处理问题与矛盾。例如，管理者和管理对象间存在着矛盾，要用对立统一的思想指导管理实践。

4.运用实践探索的管理思想

实践是检验真理的唯一标准，而实践又是获取正确认识的主要来源。高校学生管理具有极强的实践性，同时对操作性能提出了极高的要求。所以，在推进高校学生管理时，必须树立实践意识，培养探究创造的勇气，在实践当中把经验抽象为理论，以便更好地指导学生管理实践。不断反复以至无穷，促进学生管理的全面进步。

（二）指导思想

在对我国高校学生管理进行指导思想研究的过程中，需要特别注意运用以下观点与思想：

第一，坚持马克思主义中有关人全面发展的理论，培育"四有"人才是社会主义大学教育的根本任务所在。想要保证研究工作的质量，首先一定要明确给谁培养人才和培养怎样的人才这样的问题。我国社会主义大学的性质要求高校培育出的人才要具备扎实的科学文化知识与健康的身体素质，要有极高的社会主义觉悟。要完成"四有"新人的培育目标，就要严格根据马克思主义教育思想和些许有关于人全面发展的学说，推动教育发展。有效培育德智体美劳全面进步是优秀中国特色社会主义事业建设者与接班人最重要的教育方针，也是马克思主义理论精华的具体应用表现。我们要把培养全面发展的"四有"人才作为教育的根本任务和落脚点。

第二,运用马克思主义关于辩证唯物主义的理论及对立统一的观点对高校学生管理工作进行引导,在管理实践当中贯彻整体观念。马克思主义辩证唯物主义哲学是所有社会与自然科学的理论根基。马克思主义方法论与认识论渗透在所有的社会与自然科学中,因而必然渗透在高校的学生管理当中。要利用对立统一观点,明确管理整体观念。从纵向上看,整体使局部与整体统一;从学生管理工作整体系统的角度上看,构成有机整体的每个部分都是支系统和局部。学生管理系统的整体功能最终是以局部组合的形式决定的,虽然局部拥有特定功能,但都应服务于系统的整体目标与功能,局部要素要以整体目标为基准建立起来。从横向上看,秉持整体观念是处理局部分工合作一致性,将各部门进行有效协调,共同为培育全面发展人才的管理目标服务。

第三,利用高等教育与现代科学管理理论指导学生管理,推动管理科学化。根据现代治校理念的要求,要运用现代科学进行学校与学生的管理。具体而言,一要靠教育科学,遵照教育内部、外部的规律办事。例如,高等教育规模是受经济基础决定的,但又会反作用于经济基础。高等院校是高等教育的重要平台和有效载体,如今人才竞争的激烈程度逐步增加,市场化竞争更是空前激烈,思想观念、结构、体制等多个方面都出现了一系列的改革。高校一定要摸好时代的脉搏,面向市场办学。高校学生管理要持续不断地进行,对新情况与新问题进行解决,培育面向新时代的复合型人才。更要靠现代管理科学理论方法完成管理活动,确保学生管理组织机构的完善,管理制度的健全,人员责任、岗位分工恰当,职责明确,奖罚分明,动作协调一致,管理高效。运用现代管理科学指导学生管理,主要是对基本原理进行应用,主要包括人的能动性、规律效应性、时空变化性、系统整体性的原理。在具体的管理实践当中,一定要促进组织系统化建设,决策科学化发展,方法规范化进步与手段现代化改革。

第四,继承和发扬本国多年来高校学生管理的成功经验,吸收借鉴经验财富。从中华人民共和国成立以来,在高校学生管理实践当中累积的大量成功经验与宝贵成果是如今学生管理的财富。首先,社会主义大学要始终坚持共产党领导,走社会主义道路,这是最基本的成功经验。所谓坚持党的领导,实际上就是利用党的方针、政策、路线等指导大学管理,确保大学的社会主义方向坚定,充分调动师生的热情,为培育全面素质过硬的高级复合型人才不懈努力。之所以强调坚持社会主义方向,是因为我国大学具备社会主义性质。所有管理都要坚持党的领导,所有规章制度的制定落实,都必须始终坚持"一个中心、两个基本点",这样才能够激发管理者的热情,而这也是衡量管理功能与效益的基本点所在。其次,管理规范化与制度化就是将与社会主义方向相符,同时历经实践检验的、成熟民主的科学管理制度方法等用制度形式进行固定,构成工作规范,实现权、责、利的统一,让制度在思想性与科学性的层面上达到统一。最后,秉持理论与实际相联系的原则,面向社会实践与社会需要,确保教育和生产的整合。社会主义大学培育人才,一定要满足市场经济的需求,在思想方面拥有极高的社会主义觉悟与共产主义献身精神,在业务方面除了要具备扎实理论,还要具备极强的分析与解决问题的实践能力,拥有实干精神与独立性。

二、高校学生管理的原则和基本方法

原则是客观规律的反映,是观察与处理问题的根本准绳。社会主义大学管理的重要原则是学生管理内在规律的体现,不是主观臆造的。在整个学生管理体系当中,管理原则的地位十分关键,有承上启下的作用,为管理目标与实现目标手段搭建了桥梁,是运用有效方法推进管理实践的根本要求。管理原则与管理目标、过程、方法、制度、管理者等要素存在紧密关联,同时又处于指导地位。

(一)高校学生管理的基本原则

1.学生管理工作的方向性原则

管理是有目的的一种实践活动,实际管理工作一定要具备方向性。把社会主义方向作为根本准绳,是我国学生管理的本质特征。我国是社会主义国家,所以要将高校变成社会主义性质的育人平台。社会性质形成了对学校性质的制约,所以决定了学校所有管理活动的性质,所以高校学生管理一定要坚持党的领导,走社会主义道路,坚持毛泽东思想、邓小平理论、"三个代表"重要思想、科学发展观、习近平新时代中国特色社会主义思想,为社会主义现代化建设培养大批合格人才,这是高校学生管理最根本和最重要的原则。

2.理论与实践相结合的原则

理论与实践相结合,坚持实践是检验真理的唯一标准,是马克思主义基本原理,更是高校学生管理的基本准则所在。有效领悟与把握马克思主义科学与有关管理原理,掌握其精神实质,是做好学生管理的基础与前提条件。但管理原理的应用范围与实际价值会受诸多因素制约。在社会主义现代化建设的过程中,我国拥有基本的教育方针政策,在不同时期会结合差异化的特征,提出具体的方针政策与实际要求。这些方针政策与实际要求,应该在高校学生管理的措施方法中进行有效体现。但是,学生管理科学化,还要坚持从本校实际出发,考虑学生的实际特征,制定出针对性强的方法策略。

3.行政管理与思想教育相结合的原则

如果规章制度及行为规范等设置不够科学,那么思政教育实践就会丧失动力。行政管理在培育社会主义合格人才的进程中作用巨大,给教育实践提供了重要的规范与纪律保障,但具体高校学生管理是借助规章制度与行为规律等科学指导来约束学生思想行为的。这些制度措施及纪律表现在社会和高校集体意识对高校学生的要求上,还体现在对高校学生行为的外部限制上。所以,单一借助的管理制度解决高校学生群体复杂精神领域的问题不实际,同时也违背了实际规律。正确管理措施的制定落实,一定要把提升学生认知能力,提高学生遵章守制的自觉性作为基础前提。自觉遵章守纪的人拥有科学正确的认知,这离不开科学化的教育实践。只有利用科学合理的思政教育方式,才能够提升学生执行纪律的自觉性,有效提升管理质量与效率。

4.民主管理原则

民主管理原则是社会主义高校学生管理体系当中的一项非常关键的内容,是要对学生进行自我控制与管理能力的培养,使学生能够在管理实践当中拥有主人翁意识,积极主动的参与管理活动,充分调动学生的主观能动性。为了保证学生自主管理的实现,一定要在学生管理当中落实民主管理原则,保证整体目标的达成。

就高校学生心理发展的特点而言,大学生的心理正处在心理自我发现的阶段。在这个阶段,学生拥有非常强的支配自我与环境的意识,他们的思想行为和中学阶段有着非常明显的差异,特别是在独立性方面,而是渴望个人人格与意志得到尊重。面对高校给出的规章制度,以及纪律等方面的内容,高校学生会主动思考其合理性,通常不希望被动服从,而是渴望直接参与到管理当中。结合高校学生的心理特征,一定要在学生管理中发扬民主,让学生既是管理对象,又是主体。在落实民主管理原则时,特别要关注党团员学生作用的发挥,合理选拔优秀学生干部。

(二)高校学生管理的方法

高校学生管理方法是以管理原则作为有效依据,为保证学生培养目标的实现,在具体管理环节运用的所有方法、步骤、途径、手段等,通常有以下几种。

1.调查研究

经常性的调查掌握和了解学生的实际情况,有效选取针对性强的处理方法。在调查研究过程当中,一定要针对调查对象、目的、方法等内容,做好科学规划,不可敷衍了事。在调查过程当中,必须做到实事求是,有效运用马克思主义的立场、观点、方法,注重综合性的研究分析调查材料。

2.建立规章制度

在高校学生管理发展的建设当中,应该逐步建立科学化的管理制度体系,这是确保学生管理工作有据可循的基础。制度建设一定要与高校学生的身心特征相符,同时要与整个的教育规律与学生管理目标相适应。与此同时,制度要伴随教育的改革与进步,持续不断地进行健全,同时要维持其相对稳定性。

3.实施行政权限

结合学生管理目标、内容等制定规章制度与相关的行为规范,利用行政方法实施有效管理,通过有关管理部门与师生、员工共同监督检查的方式,促使学生集体或个人与管理目标相符。行政方法通常有惩治和褒扬这两种。在具体的管理过程当中,针对能够认真遵守相关管理制度、思想行为等与制定规范相辅的个人与集体,应该大力褒扬赞赏;对于违规违纪,思想行为不符合管理要求的个人与集体要给出限制措施,同时要用严格的制度惩治行为极度恶劣者。

4.适当运用经济手段

经济手段实际上是补充行政方法的一个策略。在具体的学生管理环节,给予必要的物质奖励,或者是物质上的惩罚,指的就是经济手段。选用经济手段并不表明行政方法难以确保管理工作的有效实施,而是因为经济手段会直接触及学生的物质利益,所以能够发挥更大的作用,而这个作用是行政方法无法代替的。在选用经济手段实施学生管理工作时,不能只关注用经济手段进行奖惩,而忽略日常教育指导与行政管理;也不能只注重用经济手段奖励优秀学生,忽略用同样的手段处罚指挥违纪学生。更不能只关注处罚而忽略奖励,否则会直接影响经济手段作用的发挥。

第三节　高校教育管理的重点

一、高校教育管理的重点

(一)教学管理的特点

教学管理在高校管理实践当中占据着不可替代的地位,同时管理活动带有明显的特殊性,这也决定了教学管理有以下几个明显特点:

1. 教学管理的能动性

能动性是教学管理的一个显著特点,此处指的是人的主观能动性。教学管理的主要对象是师生,是否可以有效调动师生的积极性,是衡量教学管理质量的关键标准。在整个教学管理体系当中,师生拥有双重身份。教师在对学生进行教学指导时扮演的是管理者的角色,而教师在作为高校教育教学执行者时,属于管理对象。学生是学校与教师的管理对象,同时是自身学习的自我管理者。不管师生扮演着怎样的角色,承担着如何的身份,都具有主观能动性。

2. 教学管理的动态性

动态性指的是教学管理各环节均处在动态发展的进程当中,比如人才培养方案,要跟随社会经济变迁而不断地更新完善,教学质量评价系统要伴随建设内容的改变而更新。正是在这样持续不断的总结提升和动态化的协调处理当中,才让教学管理水平与质量螺旋上升。

3.教学管理的协同性

教学管理担当的重要任务是协调学生个体与学校以及教师之间的集体活动,能够有效发挥师生个性,推动个人与集体的协同进步。

4.教学管理的教育性

教学管理者利用科学制定管理制度,优化管理过程,设置奖惩制度等方式,指导学生进行自我教育与管理,推动学生自我服务,最终实现育人目标。

5.教学管理的服务性

高校的中心工作在于育人,教学管理要紧紧围绕教与学,并为其提供良好的服务。树立正确的服务意识,是对教学管理者提出的根本要求。

(二)教学管理队伍的结构

高等学校教育教学管理队伍由分管教学的副校长、教务处全体人员、学院(系)主管教学副院长(副主任)、教学秘书(教学办全体人员)和教务员组成。教学管理人员的结构主要包括学历结构、职称结构、年龄结构、学院结构和性别结构等指标。科级以上管理人员的岗位应具备硕士及硕士以上学历,博士学历占一定比例;处级岗位、教学副院长(副主任)和重要科级岗位应具备副教授以上职称,教授占较大比例;老、中、青各层次人员的分布应合理,在教学管理队伍中既要有教学管理经验丰富的中老年专家,又要有充满活力、信息技术强的青年骨干;在结构上,非本校人员占多数比例,有利于发挥不同的管理思想,承担重要岗位工作的教学管理人员应具备基层教学管理工作经历。

(三)教学管理的重点

1.注重提高教学管理人员的职业道德和业务能力

学校方面要切实意识到教学管理者在学校长远发展建设当中扮

演的角色和发挥的不可替代作用,有效培育其思想政治素质,使其树立事业心与责任心,始终秉持奉献精神。

教育管理者所处的位置非常关键,具有承上启下的作用,担当着上传下达的责任,他们不单单要贯彻落实上级部门给出的工作安排与文件精神,还必须协调组织教学管理活动,同时还要面对教师,处在和学生沟通互动的前沿,这样的工作定位与职责呼吁教学管理者要具备职业道德与高度的责任意识。教学工作涉及范围广,内容多而复杂,很多事都要关注细节,有些事情看似很小,但实际上却关系深远。就拿传达上级文件精神来说,这样的工作年年重复,特别容易引起认知层面的麻痹大意。这件事情看似很小,但是如果在这样的事情上出现管理差错,会直接导致院部甚至全校教学秩序发生混乱,造成教育教学难以有效推进,危害极大。一次教学管理者必须要具备精诚合作的精神。高校教学管理的一个重要特征是层次化管理,既有独立,又有彼此的团结配合。只有具备团队协作精神,懂得如何合作和协调,才能够全方位处理好实际工作,做好分工,有条不紊地解决诸多问题。再者,要有极强业务素质能力的教学管理者,其业务水平与能力素质是独立开展教学管理工作,有效突破实际难题,完成各项管理任务的根本。学校方面要关注教学管理者业务素质水平的提升,使其能够熟练把握,以及运用好高等教育的专业化知识,把握教学管理基本理论与专业知识,有效评估教育教学的发展态势,协调不同部门与不同因素之间的关系,推动信息的顺畅流动,革新管理策略,全面提升管理水平;从实际出发开展教育科学研究和实验活动,有效推动教育管理的现代化与科学化。

2. 正确处理教学管理与教学质量的关系

教学管理是学校针对教学工作的不同环节而开展的管理活动,并结合既定管理目标与原则对教育教学实施有效调控。教学管理各环节均与教学质量存在着密不可分的关联。教学管理涉及的内容非常广泛,从教学质量评价系统来看,包括培养方案、教学计划的制订,教学任务的安排、教学跟踪监测、信息收集、信息统计分析、质量评价等内容。与此同时,要特别注意结合反馈信息及评估获得的结果进行教学计划的革新调控。每一项具体工作又会包括很多不同的方面。教学管理一定要紧紧围绕全面提升教学质量这个中心工作实施,高校应该全面革新与健全教学管理体制,积极建立有助于新型人才培养的教学管理制度。

3. 正确处理教学管理人员与教师教学任务的关系

教学管理者与教师共同担当着教育使命,前者以整合利用教育资源为主,教师以传播知识和启迪思想为主,管理育人与教书育人相辅相成,二者存在相互影响与作用的联系,属于同个目的之下的不同层面,主要体现在:

第一,教学管理者是衔接教师和学生的纽带,负责协调处理二者之间的矛盾问题,有效营造优质的教学环境,确保教学和学习活动的有序开展。

第二,教学管理者利用整理分析出的教师教学质量的信息,反馈教学和学习的实际情况,合理地给予出了科学化的评定。以检查考核教师教育教学当中体现出来的学术与教学水平,来评估其敬业精神,归纳评估教师是否认真完成了教育任务、给出的指标和规划,促使教师结合社会发展与市场需要,提升教学水平,培养高质量人才。

第三,教学管理者与教师共同参与学校各项事业的建设过程,如课程建设和教材建设等。他们利用对教学的调查研究与分析工作,提出改革和优化教学的方案。

第四,大学的教学管理者给教师提供教育教学方面的帮助,营造优良的教学环境,促使教师将注意力集中投入教学活动当中。

4. 注重教学管理与教学研究的关系

教学管理是一项系统性工程,需要长时间建设与积累。高效完成日常教学管理,维护教学秩序,只是完成了第一层次的工作,仅仅标志着拥有了良好的工作基础与教学环境。要想真正提升人才培养的质量与教学管理的质量,还必须积极促进教育教学研究工作的开展。大量教育实践表明:关注教育教学研究的高校,其教学工作的指导思想明确,目标选择恰当,能审时度势,从国情、校情出发确立新思想、新思路、新措施、新制度,使教学工作和管理工作处于高质量状态。教学管理和教学管理研究开展较差的学校,其教学改革往往比较落后,抓不住教学改革的重点与核心。结合这样的特征,高校要特别关注教育教学研究工作,把握好提升教学管理效益与质量的关键点。

二、高校教育管理的意义

(一)教学管理的重要性

从世界高等教育的发展趋势来看,深化教学管理是当今世界高等教育发展趋势的客观要求。提高人才培养质量是世界各国面临的共同课题,高等学校都在思考"21世纪的高等教育应该如何发展"。严格规范的教学管理,特别是加强教学质量控制是提高高等教育质量的重要保证,向管理要质量是教学改革的重要任务之一。

从高等学校教学管理的实际需要来看,近年来,我国高等教育得到了快速的发展,2009年高等教育在学总规模达到2979万人,在校生达到2826万人,2017年9月,中国高等教育在学总规模达到3699万人,占世界高等教育总规模的1/5,位居世界第一。但教育大国不等于教育强国。同时,有相当一批院校还没有形成健全、完善的科学管理制度。由于办学规模的不断扩大,师资队伍的结构发生了较大的变化,体现出了教学和管理的经验不足,传承和研究不够,教学管理队伍的建设还没得到充分的重视的问题;而且教学管理干部变更频繁,管理干部的素质结构和水平、教育思想的观念还不能适应现代化高等教育快速发展的要求,这在一定程度上制约了教育教学改革的深入和健康发展。

　　从高等学校教学和管理队伍的历史、发展和形成来看,目前绝大多数从事教学管理工作的人员在校学习期间缺乏系统的"教育学""心理学""教育管理学"等方面专业技术知识的学习,大部分人员是通过在实际工作中的不断探索而积累经验的,因而不能从理论上、教学规律上更好地把握教育工作和教学改革的建设工作。

　　从高等教育的科学发展来看,许多学校没有把高等教育教学管理作为一门科学来对待,学校的教育教学管理不到位,没有形成必要的校内外教育研究信息沟通机制。学校缺乏教育教学研究的氛围,缺乏有组织、有计划、有目的的教育教学及管理研究,缺乏对学习、借鉴、继承、发展等一系列问题的思考和具体安排。

(二)教学管理队伍建设的意义

　　建设一支综合素质过硬的教学管理团队,是有效提升高校核心竞争力的重要举措。当前,我国共有普通高等学校 2600 余所,各种形式的在校生总规模超过 2700 万人。随着社会的发展,高校间的竞争越来越激烈。"如何招到更多的优秀学生,如何培养出更多的高素质学生,如何使本校的学生在就业市场占据有利的地位",已成为各高校普遍关注的重要问题。而从新生入学、过程培养,到毕业生离校的整个学习过程中,任何一个环节都离不开教学管理的保障。教学管理队伍实力强,则贯穿于教学过程中的理念就先进,制度就健全,教与学的环境就更严谨、公正,学生掌握的知识和技能就更全面。加强管理队伍建设将使教学质量得到提高和保障。

　　加强教学管理队伍建设是提升学校教学工作水平的必由之路。教育部关于《普通高等学校本科教学工作水平评估方案》列出了 19 项二级指标,"管理队伍"是其中的考核项目之一;在第二次全国本科教学工作会议后出台的《关于进一步加强高等学校本科教学工作若干意见》中,教育部共提出 16 项具体要求,其中"强化教学管理……加强教学管理队伍建设"是其中之一。由此可见,在考察教学管理水平时,教学管理队伍的建设是重要的评价指标。在实际工作中,教学管理队伍也确实为提升教学工作水平发挥了关键性的作用。无论是办学指导思想、师资队伍建设、教学条件和利用、专业建设与教学改革,还是教学管理、学风与教学效果,所有这些决定教学水平的项目,都与教学管理人员的工作息息相关。只有加强教学管理队伍建设,并将高素质的教师队伍与高质量的教学组织管理有机地结合起来,才能创造出良好的教育教学质量,不断地提升教学工作水平。

加强教学管理队伍建设是提高人才培养质量的重要手段。人才培养是高等学校的根本任务,质量是高等学校的生命线。为了全面提高人才培养的质量,必须强化教学管理,深化教学改革,积极推进教育创新,尤其要推进人才培养模式、课程体系、教学内容和教学方法的改革,促进传授知识、培养能力、提高素质的协调发展。教学管理人员是深化改革、推进创新的主要策划者、实施者和监督者,教学管理队伍的水平直接决定了学校教学改革的广度、深度和力度。所以,提高人才培养质量必须要加强教学管理队伍的建设。

第四节　高校大数据教育管理的一般性分析

高校大数据教育管理是教育现代化的客观要求,其具有科学性、及时性、互动性、差异性及权变性等特点,从而具有传统高校教育管理无法比拟的优势。在高校大数据教育管理实践中,相关关系和因果关系仍是高校事务之间最主要的两种关系,它们并不是相互排斥的,相关关系不仅不能取代因果关系,反而快速清晰的相关关系分析为寻找因果关系提供了指导和帮助。只不过,高校教育管理中的大数据运用与商业领域中的大数据运用有着根本区别:商业领域不太重视因果关系,比较重视相关关系;而高校大数据却以相关关系为切入点,用以寻找特殊的相关关系——因果关系。

一、高校教育管理大数据的类型

大数据技术是高校教育管理由传统的科学管理向文化管理进化的重要力量。随着高校大数据平台的建设,教育信息技术在校园的广泛运用,高校教育管理大数据呈现出多样化、复杂化、动态化的趋势。从不同的角度进行划分,高校教育管理大数据具有不同的类型。

(一)按性质划分

按性质进行划分,我国高校教育管理大数据可分为结构化数据、半结构化数据和非结构化数据。结构化数据是工整的数据,其可以用二维表的结构来进行逻辑表达,属于关系型数据。非结构化数据包括所有格式的办公文档、文本、图片、智能硬件结合数据、标准通用标记语言下的子集 XML、HTML、各类报表、GPS 数据、图像和音频/视频信息等教学资源,因此不适合用二维表进行存储。而半结构化数据,顾名思义,其既不属于结构工整数据,也不属于非结构工整数据,而是介于二者之间的数据,如 HTML 文档就属于半结构化数据。半结构化数据一般是自描述的,其数据的结构和内容混在一起,是用树、图进行表达的数据。我国高校的大数据和其他领域的大数据有着相似的特征。目前,在我国高校大数据中,非结构化数据占主流,达到 80% 左右。据相关研究预测,未来我国高校非结构化数据将占到 95%。

(二)按来源划分

按数据来源进行划分,我国高校教育管理大数据可分为两类。一类是来自教育系统内部,与教育教学有关的数据,包括高校教学、科研、人事、学工、党团、后勤、图书等部门生产的大数据,这是教育管理大数据的主要来源;根据数据产生的部门,也可把高校教育大数据分为四类:教学类数据、管理类数据、科研类数据及服务类数据。另一类是来自外部数据源的数据,特别是互联网和社交媒体产生的数据。随着 Facebook、腾讯 QQ、微信及微博等社交媒体的发展和移动 4G、宽带及局域网的发展,大学生网络化存在的趋势加剧,24 小时挂网活动现象不断增加,与此同时,产生的大数据也在不断增加。

(三)按主体划分

按采集业务主体划分,我国高校教育管理大数据可分为学生教育管理类大数据、教师教育管理类大数据、综合教育管理类大数据和第三方应用大数据四类。学生教育管理管理类大数据主要来源于学生的学习、生活及社交,诸如学生的基本信息、考勤、作业、成绩、评奖评优、参加的各级各类活动表现、学生网络轨迹及表现等。教师教育管理类大数据主要包括教师的基本信息、备课教案、课堂教学、作业批改、答疑解惑、科研数据、评奖评优、进修培训、参加的各类活动的数据及社交活动、网络活动的数据等。综合教育管理类大数据包括学校的基本信息数据、学校的各项评比类数据、学校的各项奖励数据等。第三方应用大数据,包括金融缴费、教学资源、生活服务、云课堂、微课及 MOOCs 资源等数据。

(四)按数据结构划分

高校教育管理大数据的结构可分为四层,从内到外分别是:基础层(教育基础数据)、状态层(教育装备、环境与业务的运行状态数据)、资源层(各种形态的教学资源)和行为层(教育用户的行为数据)。一般而言,基础层和资源层的数据也属于结果性数据,状态层和行为层的数据属于过程性数据。基础层数据主要包括人事系统、学籍系统、资产系统数据等,主要为高校管理者宏观掌握高校发展状态、科学决策提供依据,一般是结构性数据;状态层数据在智慧校园中主要靠传感器获取,主要为高校管理者掌握各项教学业务运行状况,优化教育环境提供依据;资源层数据主要以非结构化数据为主,主要包括网络教学资源(以 MOOCs、微课、App、电子书等形式存在),也包括上课过程中的笔记、试题等动态生成性资源;行为层数据包括教师行为数据和学生行为数据,教师行为数据占主体,主要帮助学生及教师进行个性化学习、学习路径推送、行为预测和发展性评价。

二、高校大数据教育管理的特点

传统的高校教育管理存在人文不足、形式单一、反馈不足等诸多弊端,这与教育管理现代化的发展要求相悖。高校大数据教育管理则可成功破解以上难题,并通过发挥及时性、互动性、差异性、科学性、权变性等特点和优势,彰显数据管理的魅力。

(一)科学性

传统的高校教育管理决策模式大致有四种:依靠决策者的理性认知决策的"官僚主义模式",通过"合意"过程来平衡大学内部多方群体利益的"学院型"模式,通过"扩散"程序表达不同利益群体的"政治型"模式,决策程序无章可循、随意性大的"有组织的无政府型"模式。这四种模式的共同缺点就是决策者的"有限理性",缺乏科学性。大数据的核心是预测规律,高校大数据克服了传统小数据的局限性和不能反映整体的弊端,通过全面的考量,从而洞察隐藏在师生间复杂、混乱数据背后的行为规律,从而提高教育管理的科学性。马克·吐温说过,历史不会重演,却自有其韵律。预测人类的行为是一个经久不衰的梦想,科学家为之努力了上千年,而如今,大数据使这个梦想变为了现实。人类行为的93%是可以预测的,而且人类的行为也是有规律的,"人类的大部分行为都受制于规律、模型及原理法则,而且它们的可重现性和可预测性与自然科学不相上下"。在教育决策方面,利用大数据技术能增强高校教育管理的科学性。高校教师的科研数据、教学数据、评奖评优数据、参加各类大赛的数据及其生活、作息、交友、娱乐等数据,都与学校的管理机制、制度及投入等都有着诸多关联,这些数据背后都隐藏着规律,比如可以通过对科研成绩斐然的教师的作息和科研之间的关系、兴趣爱好与科研之间的关系、教学成效与科研的关系等诸多维度进行数据的关联分析,建立数据模型,寻找其中的规律,为科学决策提供依据,从而更好地制定学校科研政策、教学管理制度及评价制度。同时,高校教育管理大数据对于学生的学习与需求、舆情监控及科学决策都有着重要意义。学生的学习成绩、能力素质、上网习惯、图书借阅、就餐情况等之间存在某种关联,通过数据分析,寻找这种关联和规律,可以增强教育管理的科学性,从而收到"事半功倍"的效果。

(二)及时性

莎士比亚说过:"凡是过往,皆为序章。"大数据以运算的形式来诠释此道理。"智慧校园"的前提是教育管理信息化,大数据技术是高校教育管理智慧之道的依托。"事后诸葛"空遗憾,而"兵贵神速"要求抢抓先机。高校教育管理大数据是即时的、当下的,具有预警性的,这为教育管理者抓住关键时期开展工作提供了技术保障。在网络深度覆盖的校园里,师生活动处处有数据、有信息,合成了空前的数据之海,暂不考虑这其中的信息是否与本质完全吻合,但是一些异常的信息和规律性的信息总是会在海量数据中涌现出来。对于异常的信息,可以通过相应数据技术设立容忍度和临界点,使之达到界限后启动报警系统,最终起到防患于未然的作用。学生的交际问题、学业问题、就业问题、感情问题及经济问题等,都必然会通过网络时代的各种媒介得到展示与宣泄,而高校利用大数据技术,可以做到因势利导、超前谋划,及时预防和处理危机事件,将相关损害避免或减少。设想一下,如果南京某高校建立了基于大数据平台的师生行为预警机制,那么教师违反师德的行为就会早发现、早处理,学校贴吧及校长邮箱等都已有相关诉求的表达,学生的 QQ、微博也早有消极无望情感的表达,那么硕士研究生因与导师关系紧张而选择自杀身亡的悲剧也许就可以避免了。这也说明了高校建立基于大数据的预警机制十分重要。

(三)差异性

高校大数据教育管理的及时性、科学性是从宏观角度来讲的,而高校大数据教育管理的个性化,则是从微观角度来讲的。因材施教、个性化管理和多样化人才培养一直是教育的理想,高校教育管理对象具有差异性,正如马克思所说:"我的对象只能是我的一种本质力量的确证,也就是说,它只能像我的本质力量作为一种主体能力自为地存在着那样对我存在,因为任何一个对象对我的意义,都以我的感觉所及的程度为限。"理性与道德只有在自我确认中才能成为一种"为我"的存在,从而在肯定人的生命的前提下,促进人的全面发展。尊重大学生的个性特点、兴趣爱好、能力差异、家庭背景差异等,是高校教育管理者做好教育教学管理和服务工作的前提。尊重是爱,尊重是方法,尊重是境界。局限于技术及精力,在小数据的时代,高校教育管理者要做到察微知著是比较困难的,但是在大数据时代,这一切都显得更加容易。大数据教育教学资源,可以为学生量身定做适合个性特征的培养方案和课程清单,让学生突破时空限制,享受高质量的教育教学资源。大数据时代的个性学习,不仅对于个体有着显微镜般的功能,同时可以预测学生群体活动的轨迹和规律,为高校教师改进教学提供有效反馈。因此我们可以说,大数据技术是高校精准教学、精准帮扶的重要保障。

(四)互动性

基于大数据的高校教育管理克服了传统教育管理中的单向度,实现了师生的互动,从而产生了互动效应。互动效应在心理学上指两个或两个以上的个体通过相互作用而彼此影响,从而联合起来产生增力的现象,可称为耦合效应,也称为互动效应或联动效应。一般来讲,赋予积极的感情行动,将会收获积极的感情反应。高校单向传授和灌输式的传统教育教学方式,由于缺乏感情的耦合联动,导致教育教学缺乏实效性。在大数据教学平台上,高校教师与学生可以进行即时互动,答疑解惑,传道授业,而且对于学生做题的速度、学习的进度,教师都可以实时监控,做出处理,其他学习者也可以对学生提出的疑问做出解释和指导。在这样的学习互动氛围中,信任、支持、谨慎、勤奋等情感信息的释放,可以在整个群体中产生积极的互动效应。对于思想政治教育工作者来讲,也是如此。针对教育的问题,高校鼓励大学生积极参与,充分发挥其主人翁精神,为问题的解决、学校正能量的传播贡献计策;在学校社交平台或学习平台上,针对就业困惑、心理困惑及学习困惑等,充分发挥朋辈效应的作用,使学生得到自我教育、自我发展,从而实现教育的"润物细无声"。

(五)整合性

高校大数据的整合包括高校内部资源和高校外部资源的整合。只有整合资源,才能使资源的利用价值最大化。高校通过大数据技术可以很好地实现资源整合。初级层次的资源整合是介于学校内部各部门、各单位之间的数据资源整合。通过大数据平台的建设,可以打破部门数据分割,实现数据共享,进而促进数据公开和流通。高校之间及区域之间的大数据平台的建立是资源整合的高级层次,这对于促进整个地区乃至国家的教育发展、资源节约具有重要的战略意义。在发达国家,利用大数据技术进行资源整合的步伐已走在前面。目前,世界上主要的 MOOCs 平台有:课程时代(Coursera)、在线大学(Udacity)和哈佛大学与麻省理工学院共建的在线课程项目(edX)等。这些 MOOCs 平台的建立,不仅提高了这些高校的全球知名度和社会美誉度,而且对传播优质教育资源、促进人类教育发展都有着举足轻重的作用。美国科罗拉多州教育部通过开发全州纵向数据系统(SLDS),将全州 178 个学区和 28 所公立高校的学生数据与福利、收入和劳动力等数据进行了整合,从而进行了州际学生表现的比较、各学段学业成绩的关联及就业与学业关联等分析。这对于我国高校大数据平台的建立具有重要的启发和借鉴意义,我国高校目前也在资源整合方面取得了一定的成绩,诸如清华大学、北京大学、上海交通大学及复旦大学等高校已建立面向社会开放的大规模课程平台，"中国大学MOOC"的受益面也在不断扩大等。

（六）权变性

"没有绝对最好的东西，一切随条件而定。"权变管理的核心思想就是"以变制变"。管理没有定法，管理只能根据外部环境和内部要素的变化而采取不同的方法策略。对于学生教育教学管理没有一劳永逸的万全之策，也没有"放之四海而皆准"的适用公理，更无适应一切学生的万能公式。学生的学习数据、教师的教学数据、管理人员的行为数据、监控里的安全数据等，都是动态的、实时的，而其形成的一股股的信息流，都是不断向前流动的过程，故而"变"是高校教育管理永恒的主题。这就要求高校教育管理人员要及时掌握管理对象、管理内外部环境的变化情况，研究各种变化的趋势和规律，并研究各种变化之间可能的相互作用及后果，从而提前采取科学、适宜的有效方式来应对。大数据技术为高校教育管理者及时获得管理对象的各种信息提供了技术保障，大数据的海量、快速、动态和便捷性有利于高校教育管理权变性的实现。

三、大数据对我国高校教育管理发展带来的双重影响

（一）大数据对我国高校教育管理带来的积极影响

大数据给高校数据采集、治理模式、教育教学、考核评估、资源调控、智慧学工、智慧科研等方面带来革命性的改变。

1. 数据采集：关注过程、关注微观

由于技术、人力和物力有限，传统的高校数据采集以管理类、结构化和结果性的数据为重点，关注教育整体的发展情况，这种反馈机制在一定程度上对高校教育决策、规章制度的制定起到了积极的作用。但是对于学生、教师、科研的实时掌握情况却远远不够，对于不好的结果也不能提前预测和预防，而多是事后补救型，从而使高校教

育管理处于被动局面。随着大数据技术强力渗透到各行各业,高校教育数据的采集将面临新的变革。在互联网、物联网和大数据技术支撑下的高校智慧校园,不仅在采集数据的数量上超越了传统高校,而且在数据的质量及数据的价值方面都具有传统高校数据所不可比拟的优势。高校教育管理大数据具有非结构化、动态化、过程化及微观化的特点,其处理程序更加复杂、深入和多元化。学生的学、教师的教,一切教学活动都处处有迹。数据流源源不断,在数据分析师的头脑中进行加工,产生源源不断的智慧流,从而促进高校教育管理更加科学化、人性化。当然,高校大数据采集和管理宗旨是:功能是必需,情感是刚需,以人为本。然而,由于高校教育管理对象及活动的复杂性,加上缺乏商业领域的标准化业务流程,高校教育管理大数据的采集活动呈现出复杂性的特点。在高校教育管理大数据的分析中,要特别强调因果关系,虽然国际大数据专家舍恩伯格认为更应重视相关关系,但是教育是以培养人为根本目标,它不同于不需要追求根源的商业数据。教育大数据不仅要"知其然",更要知其"所以然",通过技术分析和处理,挖掘高校教育管理大数据所体现的规律及发现揭示问题背后的根本原因,最终寻找破解之道、应对良策,从而更好地提升高校教与学的活动效果。

2. 治理模式:民主治理、集思广益

利用数据进行决策,已经在管理中达成共识。赛仕软件公司及《哈佛商业评论》调研结果显示:在 700 名参与调研的高层管理者中,有 75% 的人认为他们的部门决策实际上依赖的是数据分析;40% 的人认为采用数据分析的结果进行决策,提升了他们工作的重要程度及其在企业中的地位。在大数据时代,高校的决策模式、治理模式都将面临转型。传统的高校治理属于"精英治理",受限于校园信息化程度和智能化程度,学校各项事业发展方案、措施、策略等,从而不能广泛地传达给师生。针对上述问题,民主意识较强的管理者顶多召开一个小范围的研讨会,或者以开会的形式传达,而这种正式会议由

于过于严肃和拘谨，缺乏自由、轻松的氛围，因而不利于异质声音的表达，这也就意味着不能将群众的真正声音传递到决策者的耳中。而在以互联网、物联网、云计算、大数据及移动终端为技术支撑的智慧校园中，可以实现高校由"管理"向"治理"的转变，更好地实现治理的民主化、科学化。高校管理者与师生通过这些技术可以不受时空限制的进行互动交流，并且至少有四点优势：一是收集有利于学校发展、各项业务完善的群众智慧；二是传达学校的发展战略、思路，形成上下合力；三是拉近干群距离，将各种矛盾化解在萌芽状态；四是决策处处留痕，实现阳光政务，防止权力"任性"，促进决策的规范化、科学化。

3. 教育教学：及时反馈、因材施教

利用大数据技术开展翻转课堂教学改革或在线教育是当前高校教育管理变革的重要内容。高校学生数量庞大，是运用信息技术的主要群体，也是高校教育管理大数据的重要生产者和使用者。教师可以根据学习平台上不同学生对各个知识点的不同用时、不同反应，来确定要重点强调的知识和决定不同的讲述方式。大数据教学有两大优势：一是私人定制；二是大规模个性定制。私人定制，即借助适应性学习软件，通过相关算法分析个人需求，为每一位学生创建"个人播放列表"，而且这种学习的内容是动态的。通过大数据分析，教学管理者可以对提高学生个体学业成绩需要实施的行为做出预测，决定如何选择教材、采取什么样的教学风格和反馈机制等。大规模个性定制是指根据学生差异对大规模学生进行分组，通过相同的测验，有更多相似性的学生会被分在一组，相同组别的学生也会使用相同的教材。大规模个性定制教育的成本并不比批量教育的成本高许多。即使是很低的结业率，乘以数十万的分母，通过的总人数还是传统的教学手段所无法企及的。哈佛大学在线教育负责人认为，在线教育的浪潮是继印刷术发明之后，教育领域面临的最大变革。人类教育的形式由古代学徒制到近现代的学校制，再到在线教育的个性

化,这体现出的是教育形式的螺旋式上升,既解决了教育产品的量的问题,又能很好地解决教育产品质的问题。大数据的教育潜力很大,运用前景广阔,以行为评价和学习诱导为特点的在线教育平台,仅是其影响高校教育的"冰山一角"。

4.考核评估:动态评估、全面多维

刻舟求剑、刮目相看、盲人摸象,这些蕴含着中国智慧的成语告诉我们:要用运动的、全面的眼光评价事物。作为"科学""先进"的社会群体符号代表的高校教育管理者,对于学校的办学水平及教与学的成效评估更要体现科学性和人文性。在大数据时代,从数据之海中找到当前教育管理问题及其影响因素和根本原因,用易懂的数据关系诠释深刻的哲学道理,是这个时代的重要特征。大数据促进高校教育管理评估从注重经验向注重数据转变,从注重模糊宏观向注重精准微观转变,从注重结果向注重过程转变。高校教学活动是大数据评估最常用的领域,从广义上理解,高校大数据应是人类学、社会学、社会关系学背景下的大数据。高校内部大数据系统一定要与外部社会大数据系统建立起融合关系或者链接关系,这样才可能从知识、情感、能力、道德等方面全方位、多维度地了解学生,制订人性化的发展方案,有效避免以学习为中心,从而更好地实现以素质为中心的教育旨趣,才能更好地培养符合社会需求的高水平专门人才。首先,高校利用大数据技术,对人才培养、产业发展及社会信息等数据的采集要提前布局,要有连续的数据对其进行支撑,每个地区的生源情况、就业情况,要有长期连续的动态数据,才能从数据中预测经济发展、社会人才需求、高等教育未来发展趋势等,及时调整学校发展战略,促进人才培养模式改革。其次,大数据技术可以实现考核评估的革命性改变,高校教育管理者利用回归分析、关联规则挖掘等方法帮助教师对学生的学习状况、思想状况、社交状况等进行全方位的掌握,关注学生成长的过程,实现评估的全方位和立体化,从而优化教育管理策略,提高教育管理效果。哈佛大学 2011 年研发的学习分

析系统,是一种基于云计算的学习分析系统,包括数据采集、数据存储、数据分析和数据呈现几个模块,能将学生进行学习任务的相关数据进行分析后可视化,并实时呈现到教师的设备屏幕上,以便教师对课堂教学的及时调控,这种分析系统已在俄亥俄州立大学和康奈尔大学等大学中推广。最后,利用大数据技术可以建立起教师科研、教学的预警机制,对于教学质量监控、科研趋势等设置报警区域,达到设定的域值,系统自动报警提醒管理人员重点关注一些教师。基于大数据技术,创新高校教育教学评估体系,使之更加多元化、智能化、个性化,实现由传统基于分数的评价向基于大数据的评价转变,由传统的结果评价向过程评价转变。

5.资源调控:优化组合、注重效能

推进高校资源大数据平台建设,有利于对有限的教育教学、实验室、寝室等资源进行重组、匹配和优化,从而使教育资源具有新的结构,产生新的功能,提高资源效能。在实践中,有很多高校投入巨资建设的实验室的利用率并不高,而有的实验室却人满为患,学生急于寻找实验室而限于信息缺乏或者人为设置的障碍无法获得资源;与之类似,教室、图书馆的阅览室也存在这样的"两极"现象:有的空荡无人,有的却排队占位甚至产生矛盾争执。高校资源大数据平台可以很好地解决这个问题。首先,大数据中心建设要从理念上打破所有教育教学、实验图书等硬件资源的固定归属,从学校整体层面进行调控。其次,依托物联网、通信、控制、大数据、云计算技术对资源、能源进行科学调配和利用,从而实现管理的模糊化向清晰化、经验化向科学化的转变。最后,通过大数据平台实现学生对学习、生活资源的方便、快捷获取。我国诸多高校在教育教学资源管理智慧化方面已做出有益的探索。例如,浙江大学通过大数据中心建设,形成了全校数据资产,并为教务、物资设备、学工、科技等部门提供了数据服务;同济大学以先进的节能监管平台,对数个分散校区的资源、能源实行远程、实时、科学监测,为节约型校园的建设提供了基础保障。常熟

理工学院 2013 年启动数据中心虚拟化项目,按照"服务准、系统稳、资源省"的目标,引入"戴尔综合化虚拟系统解决方案",从而实现了数据的高安全性和高可用性,按需分配、动态分配系统资源的虚拟化应用,数据资源的跨校区容灾备份,保证了应用系统 24 小时不中断。通过建设资产信息管理与决策支持平台,使用者和管理者能及时掌握资产信息的情况,改革管理者被动、业务部门信息不对称、沟通交流不足的局面,提高了管理效率;同时为学校、二级学院及部门进行成本核算或为招投标决策提供参考。

6. 智慧学工:柔性管理、注重权变

使用大数据促进智慧学生工作,是大势所趋。其一,高等教育转型和高等教育大众化发展,对高校学生工作管理人员提出了更多的挑战。高等教育大众化的结果使高校学生的规模逐年扩大,专职学生管理人员的增长比例远远不及学生规模的增长比例,这使得学生工作的繁杂性和艰巨性大大增加。其二,在信息技术浪潮的冲击之下,学生工作管理者传统的话语权正在被削弱,唯有顺应时代潮流,利用信息技术、大数据技术等优势,才能增强话语优势和管理服务效果。其三,高校转型发展对学生工作提出了更高的要求,高校教育管理目前正面临着"由精放管理向精细管理"的转变,传统高校学生管理存在刚性有余、柔性不足的缺点,现代教育管理的发展趋势则是柔性化。柔性管理要求以生为本,关注激发学生发展的内在驱动力、动力持久性和管理权变性。在小数据的年代,高校欲实现柔性管理显得心有余而力不足,不能随时随地地掌握学生的学习、科研、生活、社交等信息,且往往历经千辛万苦得到的数据,最后却因失去时效而显得没有意义,导致"赔了夫人又折兵"。建立学生工作综合信息管理和决策平台,能够及时、全面地获取学生工作大数据,能够快速发现问题,及时调整策略,主动实施有效措施,从而使工作更有弹性、彰显柔性。利用大数据技术,可以多维度、全方位地为学生画像,用来分析学生的学业情况、预测挂科、分析排名突降的原因,动态评估学生

消费,精准资助,预测学生毕业去向,引导学生个性化、针对性就业。上海交通大学不仅建立了数据中心,而且在"数据开放"的道路上迈出大步,2015年开放了Wi-Fi网络、一卡通、气象三个数据集,2016年开放的数据集得到了诸多应用,还催生了许多学生创业团队。上海海洋大学利用大数据技术,使新生入学报到诸事早知道,使新生教育服务工作精细化,新生可以提前上"易班"申请绿色通道、选购生活用品及提前申请勤工助学岗位等,完成大部分的报到手续。上海海事大学实施"易班优秀社团的评选办法",让"易班"成为全校社团的"大本营"。"易班"实现了现代信息技术与高校优质教育资源的深度融合,社会主义核心价值观与大学生刚需实践深度融合,从而增强了思政工作的有效性和创新性。

7. 智慧科研:博采众长、继承超越

"科学是历史的有力的杠杆,是最高意义上的革命力量。"在当前知识加速进化的时代,科学研究已来到"超大科学"的拐点。当科研遇上大数据,就诞生了学术界流行的新理论——"科学研究第四范式"。高校是培育人才、科学研究的重要阵地,高校教师肩负促进知识创新和传播的使命。大数据科研资源平台为高校科技创新主体提供文献资源,数据的搜集、文献的查找、资源的获取可以说是高校教师从事科研工作的重要基础。高校科研大数据系统包括科研文献库和科研综合信息管理与决策平台两个部分。首先,科研文献库大数据是高校科研的重要参考资源。科学的发展离不开交流和讨论,因为科学中存在错误和局限。海森堡曾说:科学扎根于交流,起源于讨论。波普尔认为,一切科学知识都是猜测的、可错的,批判和批判的讨论是接近真理的重要手段。而讨论是基于科学的可错性的,科学是一个不断进步的阶梯,今天"正确的"结论,随时都可能成为"不正确的"。信息时代的科学交流除了传统的研讨会、学会等方式,对网上资源的利用、现代科研搜索软件的运用显得更加重要。科研文献库的建立是高校科研人员文献研究的基础,它有利于高校教师对已

有科研成果的继承和超越,更加体现"现代科研成果是站在巨人肩上的结果"。一般而言,高校科研文献库越丰富,对科学研究的正影响越显著。高校科研文献库的建设形式有两种:购买文献资源和自建文献资源。购买资源包括高校在中国知网、万方、维普、超星、读秀等购买的论文、著作、文集等资源;自建资源包括高校特色数据库,如中国水利工程数据库、大学名师库、测绘文摘数据库、校本硕博论文库、专题数据库、特色数据库等。这些资源对于学校师生的研究和提升具有重要的借鉴和启发作用。其次,大数据使高校科研活动具有智慧性。高校教师可以利用智慧检索软件,对文献信息资源进行学科分析与科研选题,或者跟踪科研进展与定制个性化服务,精准查找交流、评价专家及合作伙伴,提高研究效率。面向科研评价领域的软件有 Arnet Miner、Cite Space、Paper Lens 等,面向全领域的软件有 The Network Workbench(NWB)、D-Dupe 等,面向社会科学领域的软件有 UCINET,面向功能专题的工具有 CFinder、C-Group 等,文献搜索分析工具有 Publish or Perish,科研合作网的专家检索系统有 Arnet Miner,这些都可以很好地找出领域专家、作者从事的领域、合作团体等。再次,大数据提高了科研效益。通过大数据技术使高校科研从传统的寻找因果关系转向寻找相关关系,从而减少了研究资源的浪费,节约了研究的时间,提高了研究的效率和成果的可靠性。科学研究就是寻找大自然物理现象背后的机理、原因,大数据技术使之更容易、更接近规律,且节约成本,包括经济成本、人力成本和时间成本。上帝粒子的发现、纳米孔基因测序技术、AlphaGo 击败了世界第一围棋高手的人工智能技术……科技史上没有一个科研的突破能够离开大数据技术的支撑。高校是科研的重要阵地,高校的科学研究也需要借助大数据技术进行数据驱动的决策。最后,科研综合信息管理与决策平台有利于提高科研管理的科学性和效率性。利用内部、外部信息,进行科研数据的分析,可以消除或减少重复立项、经费安排不合理、项目负责人不胜任等问题,从而促进公平竞争、促进科研资源的优化配置,提高科研资源的使用效益。建立科研大数据平台,包括从外部主管部门科研系统中获得的科研项目的数量、类别与要求,从内部科研数据库中得到的人员、设备、经费、研究经历与研究条件等信息,从 Web 上获得的论文和专利的数量与质量等信息,从项目成果报表上得到的成果转让和奖励等信息。通过科研综合信息管理与决策平台的建立,将各类信息进行整合,对研究课题的科学性、创新性和外部文献库进行综合分析,对申请者涉及的各项因素综合分析,将不合理的因素排除在立项之前,最终为科研项目评估专家提供决策支持。

(二)大数据对我国高校教育管理带来的消极影响

人类历史上每一个技术的发明与创造,均有"善"与"恶"的两面性。人类的文明进步就是发挥技术"善"的一面、控制技术"恶"的一面的结果。马克思说:"技术的胜利,似乎是以道德的败坏为代价换来的。随着人类越益控制自然,个人却似乎越益成为别人的奴隶或自身的卑劣行为的奴隶。甚至科学的纯洁光辉仿佛也只能在愚昧无知的黑暗背景上闪耀。"这形象地揭示了技术的"双刃剑"效应。同样,大数据在给高校教育管理带来机遇的同时也产生了消极影响和挑战。

1. 数据霸权问题

大数据可以通过概率预测优化学习内容、学习时间和学习方式,可以预测大学生的职业生涯。但是,按照大数据预测进行的教育分组、教育定制真正符合人才发展规律、符合公平公正原则吗?按照大数据预测的未来职业、专业兴趣真正符合学生的现实需求、满足人的挑战自我和超越自我的精神追求吗?教育的根本宗旨是因材施教、因人而异,大数据背后探索的规律,看似是"规律",但其实并不是"规律"。在教育中有很多现象是大数据无法预测的,如人类的智慧、独创性、创造力造就的理念等。心理学上有一种现象叫"罗森塔尔"现象,论述的就是心理暗示对个人发展的重要影响,是对客观现实的一种逆转和超越。我们需要对人类的非理性、对定量与定性分析的反抗保留一份特别的空间。按成绩分组、教育定制加深教育鸿沟,限制学生超越发展的诉求,可能会导致教育由一片广阔的天空转变为预定义的、拘泥于过去的狭窄区域,社会倒退为一种近似种姓制度的新形式——精英与高科技封建主义的古怪联姻。"电子书包"让学生身负着他们整个学习生涯中的电子成绩单,适应性学习则可能导致对能力较弱的学生的打击以提高老师的业绩,无法遗忘的过去则成为学生的"诅咒而不是福气",历史的小瑕疵则成为学生求职的致命打击。全面教育数据带来的重大威胁,并不是信息发布不当,而是束缚我们的过去,否定我们的进步、成长和改变的能力。放弃数据的收集和使用,将阻碍大数据对教育带来的诸多益处;而陷入数据崇拜,又将受制于数据失去自由。我们需要在对优化学习的渴望和对过去决定未来的拒绝之间做出微妙的权衡,不要让过去完全决定我们的未来,我们仍应满怀热情地迎接下一个日出。在这个对新生技术畏惧、疑虑的时代,数据将越来越难收集,甚至最糟糕的可能是:被收集信息者还会因怕"数据欺凌"而采取"玩弄数据系统"的"自我保护"反应,这样一来,建立在不真实数据基础上的决策将会更可怕。

2. 数据垃圾处理问题

大数据不全是"金矿",也有数据垃圾,金子的价值自不必多说,垃圾的危害也不容小觑,这体现了事物的两面性,正如太空探测技术一样。人类为了探测无垠的宇宙,向太空发射了卫星、宇宙飞船、核动力卫星等,这些遗弃在太空的物质和碎片,不仅具有碰撞新的航天设备的危险性,还具有巨大的放射性。大数据技术与航天技术一样,虽然发展潜力无限,但也是史前高难度的挑战,人类必须具有解决大数据垃圾问题的力量,否则将产生严重的后果。大数据时代,巨大的信息和碎片化的数据充斥着整个网络世界,随着智慧校园、泛在学习的推进,高校教育大数据将呈指数倍激增,数据垃圾不可避免,这将会给高校的机房和数据中心带来数据存储及数据处理上的负担和压力。垃圾数据一旦产生，就需要我们在数据处理的过程当中，对垃圾数据进行过滤和清洗，并且自动决策这些数据的去留。目前，对于高校数据垃圾的处理技术、处理原则、处理经费及数据人才等方面都存在问题，特别是在大数据的价值挖掘没有充分利用的情况下，对于垃圾处理的支出显然大于得到，数据"金矿"至少目前并没有体现，反而呈现"得不偿失"的倒挂局面。当然，尽管对高校教育管理大数据垃圾进行过滤和清洗的任务艰巨，但也不能因此放弃对数据中心的建设和利用。

3.数据标准问题

数据标准化是数据整合、共享、挖掘的前提和基础，是实现"数据金矿"的必要条件，而数据标准则是数据标准化的依据和标尺。目前，国内外大数据标准化工作尚处于起步阶段，还未形成一套公认的、完整的大数据标准体系，绝大多数的大数据标准化工作尚处于标准的需求分析和研究探讨阶段。大数据标准体系主要包括大数据通用技术标准、大数据产品标准、大数据行业应用标准、大数据安全标准。2014年12月，全国信息技术标准化技术委员会大数据标准工作组正式成立，当时工作组包括了北京大学、阿里巴巴、华为、京东、国家信息中心等近150家申请单位。高校大数据同样也需要标准化处理，尽量减少混乱无序的数据、信息、资源，这样才可消除"信息孤岛"现象，增强教育数据的可用性、通用性和互操作性，使各类相对独立的、分散无序的数据资源通过融合、重组及聚合等方式形成一个较大的、有序的、可读的与高效的整体，使高校管理者可以快速使用。

4.数据质量问题

"数据质量"主要指数据资源满足用户具体应用的程度。数据质量主要从完整性、规范性、一致性、准确性、唯一性、关联性几个角度综合评估，度量哪些数据丢失了或者不可用，哪些数据未按统一的格式进行存储,哪些数据的值在信息含义上是冲突的,哪些数据是不正确的或超期的,哪些数据是重复的,哪些关联的数据缺失或未建立索引。数据质量是依据数据科学决策的保障,质量低下的数据决策比没有数据的"拍脑袋"决策更可怕。如果数据的一致性得不到解决,那么数据的质量是没有保障的,数据的共享也是没有意义的。因此,高校在进行大数据收集的过程中必须要有详细的计划和科学的数据标准化方案,不能一网打尽、良莠不分。高校数据存在着多源头、不一致、异构、缺失、不准确、重复等问题。其中,未制定统一的数据标准,数据中心建设缺乏全校范围的宏观整体规划,国内教育行业软件成熟度不高,系统技术架构不一致,业务人员对数据质量重视不够,数据维护不及时、不准确及不完整等是影响数据质量的重要因素。

5. 数据安全问题

单独的数据似乎看不出什么价值,但是数据一旦发生关联,便会产生"1+1>2"的效果。大数据背后的秘密一旦被破解,将会对高校的信息安全、学生隐私安全产生巨大的威胁。特别是很多师生的学习、生活及工作数据也在网上,互联网和云服务能够实现对人"从摇篮到坟墓"的全部跟踪记录,于是这些在网上的教育行为记录一旦被整合,就会对个人隐私造成极大的危害。高校的教育数据被黑客入侵、泄露的现象屡见不鲜,各级政府、教育主管部门及高校都必须高度重视数据的安全问题,有关高校教育管理数据安全的法律法规的制定也是非常必要且紧迫的,相关的数据安全技术更是意义重大。

6. 数据存储期限问题

高校教育数据存储从技术上来讲是可以无限期储存的,但是从伦理道德的角度和管理成本的角度来讲,它应该有一个期限。设立一个期限,一方面可以克服"无法遗忘的过去"对学生学习、工作和生活的阴影笼罩;另一方面也可以促进相关数据专家在有限的时间对这些数据进行挖掘和分析利用。但是,这个数据存储期限的设定受多种因素的影响:一是对于数据价值大小的界定;二是数据分析难易度限制。首先,对于高校教育管理大数据价值认定维度的问题,存在诸多争议。价值是客体的某种属性相对于主体需要的满足程度,主体对客体属性的需要越强烈,客体的价值就越大,因此,价值是一个主观概念,具有相对性和可变性。数据价值如何界定,是一个难题。其次,数据分析的难易度也是变化的。随着人类认识的发展,数据挖掘技术和工具的进步,数据挖掘的难易度具有变化性。究竟高校教育管理大数据要存储多久才合理呢? 目前,教育部学信网平台上的学生和老师的基本数据是终身的,因其搜集的是基本信息,所以"数据终身携带制"也是合理的。但是,对于高校而言,除学生基本信息之外的特殊数据、临时数据等明显不具有终身制的必要性和合理性。

7. 数据人才匮乏问题

美国之所以能够在大数据的浪潮中处于潮头,与之重视数据人才、培养数据人才密不可分。高校教育管理数据人才将成为连接大数据与教育应用的桥梁,他们要解决的是如何实现教育管理大数据的价值。高校教育管理数据人才是一个跨学科的数据人才团队,其由多种角色的成员组成,包括数据科学家、程序员、统计人员、业务人员等。虽然市场对高校教育管理数据人才的需求日益增多,但是目前的人才培养体制机制尚不健全,能够提供的人才数量远远不能满足现实需求。苹果、亚马逊、Google、华为、腾讯、阿里巴巴、百度等全球前50家顶尖科技企业,几乎垄断了大数据专家。根据Manyika等的研究预测,到2022年全球数据科学家短缺将达到近20万人。高校教育管理方面的数据人才更是严重缺乏,对于使用大数据的高校教师、研究者和管理者来说,他们驾驭数据的资质和能力则是不容乐观的。对于高校教师和管理者来讲,首先他们自己应成为"数据脱盲者",做到会使用大数据技术,能读懂大数据语言,这样才能利用大数据技术改进教育管理现状。其次,学校也需要大量懂得如何在建立数据系统以分享数据的同时,又能保护隐私的数据技术人才。

8. 制度与组织空白问题

大数据技术对我国高校教学的影响尤其显著，MOOC 是大数据时代传统教学面临的最大机遇和挑战，因此，MOOC 组织制度的建立是高校工作的重中之重。MOOC 曾一度被誉为继火的发明之后的最重要的创新，却因"实现世界和平"的速度不够快而备受诟病。MOOC 作为一种新型教学模式，是对传统实体大学的有益补充，也是对视频公开课缺乏互动的弥补，对于促进教育公平、提升教育质量有着重要的意义。MOOC 具有诸多优势：一是开放性，MOOC 平台是基于互联网的、面向全体社会成员开放的；二是平等性，在课程资源及组织方面，人人都平等地享有参与权；三是规模性，网络课程的学习者一般都是成千上万的；四是灵活性，MOOC 的内容更贴近学习者的生活和需求，更注重综合性、普适性、生成性、互动性，其视频精美、短小精悍，向微课靠拢，评价方式多元，且引入了同伴互评。网络教育和网络学习是大势所趋，但是存在种种缺陷与不足：一是 MOOC 制作成本高，缺少成熟的盈利模式，或者说在成长初期缺乏盈利的保障，且其开放性是其大规模的保障，但其开放性也是其无法盈利的重要因素，开放性和营利性是一对悖论。二是教学内容更新快。预先定制的课程内容与网络时代知识更新快之间存在矛盾，结构化的课程体系与网络时代知识碎片化、学习碎片化、时间碎片化之间存在矛盾，MOOC 前期高标准、高投入的制作模式，显然令后续的修改与完善不太方便，从而使内容过几年便变得陈旧，不再适合继续开课。三是学习证书的效力问题。网上平台颁发的学习证书与学校颁发的证书的效力具有差异性，是当前制约 MOOC 发展的重要因素。学生人数多使得师生互动交流变得困难，学习过程的监管与考试监管难以真正落实。受经费所限，指导 MOOC 学习者的助教数量也有限，因此只能靠学习者互评，而这种良莠不齐的互评也很难作为正式认证的基础，虽然国外也在尝试通过打字习惯和视频来判断是否为代考，但技术都不成熟，这使得证书的社会信誉不高，学习成绩与证书的社会认可度也不高。为解决以上问题,国际上出现了一些 MOOC 的变种,即小规模限制性在线课程。SPOC 人数限定最多为几百人,从而使测试更加灵活高效,提高了证书的可信度。有的大学 MOOC 从教学模式和教学方式上进行改进,由完全自主在线学习向混合学习、翻转课堂、协作学习和研究性学习转变。而中山大学的王竹立则提出全面升级 MOOC,由 MOOC 向 MOOS 转变,鼓励学习者将自己的学习过程和学习成果通过网络进行分享,从而激发灵感和创造。近年来,网络教育出现了两个新趋势:一是微课化,国家开放大学推出的"五分钟课程网"就是一个例子;二是非学历化,避开了与全日制学校的正面竞争。当然,影响当前 MOOC 发展的因素还比较多,如证书认可度、诚信保证、课程标准与评价机制、可持续发展的商业模式、普通教育与职业教育及继续教育之间的沟通机制、学分认定的在校生与社会学习者质量一元化及知识产权保护问题,等等。

第二章

当代高校教学的发展趋势

第一节　当代信息技术的进步促进高校教学的发展

一、将现代信息技术应用于高校教学的优势和必要性

在全球信息化时代的大背景下,我国高等教育受到了现代信息技术的强力冲击和挑战。现代信息技术正深刻改变着高等教育的教学形式、教学手段和师生交流方式。因此,运用现代信息技术,构建优质高效教学资源,优化教育过程,培养学生的信息素养,促进教育现代化进程,已成为高校教学的必然趋势。现代信息技术与高校教学的有效融通,必将进一步促进我国高等教育的改革,全面提高教学质量。

(一)教育信息化是高校教学发展的必然要求

高等教育现代化主要体现在教育理念的更新、教学体系的改革和教学模式的改进。现代信息技术的高速发展,促使高校教育从教学内容、教学手段、教学管理等各方面进行变革,为高等教育的发展提供了强大的推动力。将现代信息化技术深入融于高校教学,有利于提升高校教学的质量和学生学习的效率,有利于充分发挥教学过

程中师生的互动性,有利于提高学生的信息素养和创新意识。现代信息技术与高校教学的有效融合,是新形势下高校教学发展的必然要求,有利于促进教学体系的变革,全面提升高校的教学质量。

(二)现代信息技术在高校教学中的应用优势

高校教育信息化克服了传统教学模式的诸多弊端,重构了一个学生为主体、教师引导的新教学生态。在现代信息技术的辅助下,"教"与"学"的过程得到了全面改善和提升,具备了开放性、互动性和高效性的特点,为提升教学质量创造了条件。与传统教学模式相比,教育信息化具有五个明显优势:一是教学资源的丰富性。现代信息技术以互联网为支撑,覆盖了丰富且形式多样的教学资源。图片、广播、视频等各种教学载体代替了单调的课本,能最大限度地激发学生的学习热情。二是教学内容的时效性。现代信息技术汇聚了国内外最新的科研成果和教学资源,教师通过培养学生的自学能力来获得最新的知识,形成稳定的教学活动。三是教学内容的多元性。师生可根据个人需求获取感兴趣的教学内容,满足自身个性化学习的需要,学生在兴趣引导下能够化被动学习为主动学习,极大地提高了学习效果。四是突破学习的时空限制。现代信息技术通过远程教育等网络学习手段,使教学突破了时间和空间的限制,实现了随时随地学习,提高了学习效率。五是教学资源共享性。通过优质教学资源的共享共建,避免了教学资源的浪费,提高了教学资源的质量。

二、现代信息技术在高校教学中的促进作用

(一)优化传统的教学组织形式

班级教学方式是各大高校较为常用的教学组织形式。随着现代信息技术在高校课堂中的不断渗透,传统的教学组织形式也发生了变化。当前,有限的课堂时间已经不能满足高校学生对于自身专业知识学习的需求,高校教师需要运用现代教育技术设计微课教学、远

程教学,以及定制个性化的教学内容,运用多元化的信息技术手段满足学生的学习和发展需求。总之,现代信息技术有利于促进高校传统的教学形式的完善和发展,有利于提升高校学生的学习效率。

(二)有效渗透多元化的系统思维

作为信息化时代发展的产物,各大高校运用的现代信息技术,具有科学化、完整化、系统化和全面化的特点,同时现代信息技术作为理论知识和具体实践的纽带,可以凭借较强的操作性和实践性促进新时代教育的全面发展和进步。这些全新的教学理念、多元化的教学技术和丰富多样的教学软件可以帮助学生高效学习各种自己想要掌握的知识和技术。同时,这些开放性的系统思维涵盖了学生在课堂上没有完全掌握的知识点,学生可以根据自己的需要对这些内容进行查漏补缺,及时纠正在学习过程中发现的问题,从海量的学习资料中汲取自己所需的知识和技能,并且在现代信息技术的辅助下,逐渐形成一套适合自己的学习方法。

在现代信息技术的影响下,高校不少复杂难懂的实验课也能从以往枯燥的讲解模式中解脱出来,教师可以运用网络信息技术教学,构建立体化的虚拟场景,带领学生进行专业实验。在这种现代信息技术与高校教学相融合的模式中,渗透了多元化的系统思维,不仅能够帮助学生更好地掌握专业知识,还能有效提升学生的动手实操能力。因此,信息技术手段能够与高校各专业课程进行有效融合。目前,现代信息技术已经成为高校教学中进行专业型人才、素质型人才、全面型人才培养不可或缺的辅助工具。

三、现代信息技术促进高校教学发展的策略

(一)转变教学理念,完善融合理论

转变教学理念是现代信息技术促进高校教学发展的关键。现代教育提倡"主导—主体"新型教学结构,即以教师为主导,学生为主体

的教学理念。在高校教学中,教师应树立"以生为本"的理念,实现从"主演"到"主导"的角色转变。作为高校教师,应主动学习现代信息技术的前沿理论,学会利用"在线开放课程""翻转课堂""新形态教材""云课程"等学习载体,将新的教学理念融入教学实践中,完善自身教学理念。可以说,教师如果坚持沿用与时代发展不符的教学理念,即使运用最先进的信息技术,也无法改变传统教学的本质。因此,要想实现现代教育技术与高校教学的高度融合,教师应转变教学理念,在教学过程中应用各种全新的教育理论知识指导各类教学活动。

(二)优化课程设置,更新教学内容

为实现现代信息技术促进高校教学发展的目的,不但信息技术要"新",教学内容也要"新"。根据专业发展和全新的人才需求观念,高校需要适当调整学科体系,优化课程设置,更新课程教学内容,及时反映国内外学术前沿的动态和最新研究成果。高校需要通过在线学习和课堂讲授相结合的方式,根据学生的实际学习需求对课程模式和教学内容进行优化设计,充分发挥学生的自学能力,让学生不仅具有专业的知识储备,还具有符合时代发展的专业实践能力。

第二节 教师教学能力的提升推动高校教学的发展

一、现代高校教师需具备的教学能力

(一)高校教师需具备的一般教学能力

高校教师的一般教学能力是指为了达成教学目标,所有高校教师应具备的通用教学能力。根据课前、课中、课后整个教学过程的需要,高校教师应具备以下教学能力。

1.知识更新能力

教师所具备的知识广度和深度是教学能力的基础,教学能力也必然要以宽厚扎实的教学知识和学科专业知识为前提。知识是能力的基础,学术层次越高,对教师专业化程度的要求也越高,教师应该具有广阔的知识基础,并具备较强的知识关联能力。高校教师具备的知识应该包括特定学科的相关专业知识、基础文化知识、教育学相关知识(特别是高等教育学及高等教育哲学等)、心理学相关知识(特别是教育心理学、高等教育心理学及大学生心理等)、实践方面的知识,以及高校教师在实际教学过程中所具备的课堂相关情境知识。新知识的快速发展必然会使得原有的知识老化,所以高校教师应当具备较强的知识更新能力。

2.课前钻研与设计能力

课前钻研与设计能力是教学能力的基础,它能够反映教师教学准备和教学设计的质量。做好课前计划能够使教师对将要进行的教育教学活动具备更多的主动权。课前计划是教师在教学任务开始之前的准备工作,包括了教师对教学任务、教学目标、教学方法、学习者的特点,以及教学策略和情境的分析和判断过程。课前钻研与设计能力包括教师对一门课程总教学目标和分教学目标的掌握能力、教师分析处理教材的能力、教师分析掌握教学大纲的能力、教师对学生个性特点的了解和判断能力、教师教学设计的能力,以及制订教学计划的能力。高效的教师能够根据学生的不同特点、不同的学术程度来选择不同的教学方式。优秀的教师会在课前制订详尽的教学计划,并乐意利用自己的额外时间为学生提供帮助。

3.课堂管理能力

教师在教学过程中,总会遇到一些在课前计划中没有预料到的问题,教师为了使课堂教学实现预设的教学目标,对此类问题的处理能力称为课堂管理能力。从现象上看,教师能够通过课堂管理在教学过程中调动学生的学习热情,让学生充分融入学习过程中,还能够运用多种教学方式,使教学内容更贴合学生的经验,帮助学生掌握,同时,根据学生的接受程度,调整教学难度,鼓励学生积极思考,提高学生学习的主动性。对学生影响最大的往往是那些对学生倾注爱心的老师,他们愿意为学生付出额外的时间,真诚对待每个学生,关心学生的生活,并鼓励、帮助学生建立自信心。除了对学生的关心和耐心,教师还应具备语言表达能力和非语言表达能力、多媒体运用和选择能力、教学策略的选择和运用能力、随机应变应对课堂突发状况的能力及人际沟通能力。

4. 教学评价和反馈能力

教学评价能力和反馈能力是教师为了保证教学能够达到预期的目标,不断对教学活动本身进行计划、评价、反馈、检查及调节的能力。教学评价和反馈能力既包括了教师对教学活动的预先计划及安排,又包括了教师对实际教学活动进行的监察评价和反馈。在教学活动中,教师需要及时将教学成果和学生学习掌握情况向学生进行反馈,并努力创设积极的学习过程。教师掌握教学评价和反馈能力,能够帮助自身了解教学优势,避免和纠正教学中的问题,从而实现有效教学。

5. 教学研究能力

现在很多高校受功利思潮的影响,盲目地攀比并效仿建设研究型大学,重视科学研究轻视教学研究,对教学研究没有引起足够的重视,使得部分高校教师教学研究能力欠缺。教学研究的过程是教师不断思考教学程序,总结教学经验,反思教学实践的过程,是教师主体提高教学能力的有效途径,很多不具备科研实力或者科研条件不充足的普通高校的教师,应该多进行教学研究,将自身实际情况与本校具有的特色学科专业相结合,从教学研究中获得启发,提高教学水平。教学是高等学校的主要目标和最基本的任务,即使是研究型大学,其科研活动也是在保障教学质量的前提下进行的。各高校应灵活处理教研与科研的关系,并切实有效地强化高校教师的教学和科研能力。

(二)高校教师需具备的特殊教学能力

1.实践教学能力

实践教学能力是教师在教学过程中将相关行业、专业的知识技能和实践经验运用于教学,并能够有效指导学生实验实训、科技开发创新等实践活动的能力。

教师的实践教学能力是以自身具备的相关实践经验为基础的,包括了指导、组织和评价学生进行课程实习、课程设计、课程实验、课程实训、毕业实习和毕业设计等的具体教学能力。在具体的实践教学过程中,教师的实践教学能力体现为能够为相关理论课程开发相应的实践项目的课程资源开发能力,以及运用相关案例组织理论教学的实践教学实施能力。教师在企业和行业进行实践锻炼的过程中,要勤于观察和思考,善于发现并妥善解决相关行业和企业单位的实际问题,在发现和解决实践问题的过程中,提高自身的实践教学能力。科技创新能力和科技开发能力也可以归入实践教学能力,以解决以企业问题为目的的横向科研项目要求教师能够运用自身理论专长解决企业的实际问题,这个过程是对教师科技开发能力和科技创新能力的锻炼。

2.结合实践的专业课授课能力

高校教师除了具备一般的教学能力,还应具备结合实践的专业课授课能力,以让学生掌握实践领域的专业技能。教师要通过理论教学课堂和实践教学课程的有机结合,真正使学生具备理论应用于实践的能力。而要具备结合实践的专业课授课能力,教师应首先具备将实践经验转化为学生容易理解的知识的能力。

二、教师教学能力的提升推动高校教学发展的策略

为有效促进高校教学的发展,高校可以从以下几个方面提升教

师的教学能力。

(一)端正教学态度,培养教学兴趣

兴趣是个体力求认识某项活动的心理倾向,具体体现为一个人对某件事或者某种行为的积极态度和情绪反馈。教学的态度和兴趣是教师职业精神的重要部分,假如高校教师把工作当作自己的兴趣,有了兴趣,工作的积极性就被激发出来了,在工作中也能一直保持乐观的态度,探索教学方法、进行教学研究也会事半功倍,并且在教学过程中可以进一步增强对教学的兴趣。

高校教师秉承着敬业精神,在教学中重视对品德的教育,扛起教书育人的大旗,积极投身到教学工作中。发自内心地将教学、育人与科研联系在一起,将自己的全部精力和热血投入教学工作中,而不是将教学看成是一种谋生的手段与地位的象征。因此,高校教师要增加对教学的热爱,研究教学技巧、把握教学特点、分析教学对象的特征,扩宽自己的学术视野,为学生营造融洽的学习氛围。

(二)加强知识学习,完善知识结构

具备深厚的科学文化知识,是做好一名高校教师需要具备的必要条件。高校教师不仅要有科学文化知识,还应掌握基本的教学理论知识。高校教师要树立终身学习的意识,"活到老学到老",坚持持续的自我"充电",为之后的教学活动打好基础。

高校需要加大对教师的培养力度及专业知识学习方面的重视度。在大数据时代的今天,信息网络给教师们增加了许多学习平台。高校教师在熟知专业教材的基础上,需要在各种学习平台上进行学科延伸知识的学习与研究,尤其在现代全球化的背景下,跨学科和跨文化不断涌现,高校教师不能只接触、研究本领域的知识,还要将专业领域的延伸知识纳入自己的知识结构中。高校教师不仅要做到专业,还要做到渊博,从而让自己的教学能力获得提升,使高校教学获得进一步发展。

三、教师教学能力的提升对高校教学发展的重要作用

(一)提升教师的教学能力,能够满足学习者个性化的学习需求

提升高校教师的教学能力,能够满足学习者个性化的学习需求,这对于高校教学的发展有着重要作用。当前,高校新兴的教学模式改变了传统的课堂教学模式,翻转课堂、微课堂等智慧教学为学生提供了多样化的知识获取途径,这要求教师具备更全面的教学能力。高校教师要为学生选择更具有针对性的教学资源,将课堂教学过程进行重新设计,丰富教学内容,改变单一的授课方式。信息技术不仅改变了教学模式,也改变了学习方式。每个学生都可以通过互联网教育平台获得专属的学习计划,适当调整自己的学习进度,选择适合自身的学习方法,挖掘自己最大的潜能。这种个性化的学习方式要求高校教师具备更高的信息化教学水平,满足学生个性化的学习需求。因此,如果能有效提升高校教师的信息运用能力和教学水平,就能够满足学生个性化的学习需求,促进高校教学的发展。

(二)提升教师教学的能力,能够促进高校智慧校园的建设

提升高校教师的教学能力,能够促进高校智慧校园的建设。高校建设智慧校园不仅需要高校完善相关制度、健全机制和升级硬件设施,还需要教师不断提升教学能力,将信息技术真正融入日常课堂教学的整个过程,充分发挥信息技术在教学上的优势。如果高校教师顺应"互联网+"的发展潮流,运用信息化的教学手段不断改进教学方法、丰富教学内容、努力提升教学能力,就能够促进高校智慧校园的建设,提升高校的教学质量,这无疑对高校教学的发展奠定了重要基础。现代社会要求高校教师掌握一定的信息技术,因此,高校教师一方面要完善自身的教学能力,主动学习研究先进的教学信息技术,增加课程的探究性、趣味性和创造性,另一方面要拥有获取优质教学资源、科学评价与反馈等方面的能力,为建设智慧校园和推动高校教学发展打好坚实的基础。

第三章

高校大数据教育管理发展的思考及对策

第一节　树立大数据教育管理发展理念

当前,人类正处于"云、网、端"的时代,以及由软件、数据、算法组成的"比特世界"。高校教育管理是"比特世界"中一个小小的关节点,也是至关重要的关节点。在"比特世界"中,软件、数据、算法是智慧之树的三朵奇葩,数据是智慧产生的土壤,数据是智慧革命的核心。当前,我国高校正处于信息化教育管理向大数据教育管理转变的阶段,在高校"智慧校园"建设的过程中,必须使大数据理念、大数据制度和大数据机制三维联动,其中理念是先导,制度机制是关键。

一、树立分享理念

在高校数据"生态圈"中,各类教育管理是"融通、共享、互激"的存在关系。高校 IT 是大数据教育管理的基本设施和保障,其使命有两个:一是起到连接作用,"连接"师生、人与资源、师生与学校;二是起到支撑作用,支撑"教"和"学",使之兼有效率和创新。发达国家高校大数据教育管理发展较早,数据治理理念比较先进,其重点突出了IT 与人的融合,这对我国高校大数据教育管理的发展有着重要的借鉴意义。例如,马里兰大学将"推动创新"作为学校 IT 的价值追求;

"让师生更强大"是印第安纳大学 IT 的发展目标;"使师生的学术更加卓越"是哈佛大学 IT 的发展愿景。美国 ACU 提出了 21 世纪的教育理念,从多个角度区分了 21 世纪的教育与 20 世纪的教育的区别。ACU 秉承"合作学习是最有效学习"的理念,以移动技术为载体,努力创建"一个时刻连接着学习体验"的融合型学习社区。ACU 通过移动设备将教师、学生联结在一起,成为一个学习共同体;在课堂上,教师在移动设备和其他应用程序的辅助下,创设参与性的学习环境;在课堂外,学生利用移动设备实现移动学习,打破课堂限制;ACU 在社交、管理等方面,都广泛应用移动设备进行。借鉴之,我国高校大数据教育管理的发展理念要强调"联通与分享、人技相融、应用体验"的特点,要体现中国特色、彰显学校个性。高校要打破部门、学校、行业、地域、国域等界限,建立协同机制与分享机制,从最大程度上践行大数据的开放与分享理念,实现教育资源和数据资源的共建、共享与共融,从而实现高校课堂教学结构的根本变革,实现教育管理水平和教育管理效益的显著提升。

二、坚持"以用户为中心"的导向

我国高校管理层要树立"以用户为中心"的管理导向,以学校战略发展目标为指导,以业务流畅性为准绳,融合软件、硬件、服务,面向用户提供简单易用、明确统一的集成化服务,以大数据技术和信息推动学校管理模式、教育教学模式的变革。高校在 IT 规划管理应用方面,要突出人与人、人与资源的高度融合,开发一个统一的、无处不在的平台,以简化管理任务,使其更容易被学生接受。该平台是学校业务和"注册办公室"的扩展,并将成为高校的门户网站,为学生提供持续易用的账户、课程表、登记材料、成绩和基本校园信息访问等服务。它是传播紧急信息状态的自动短信和语音广播;是集成校园、地方警察和医务人员的客户端;是"商务办公"的扩展,能够实现账单支付、购票、买书、购物及财政账户管理的无线交易;是"注册办公室"的扩展,这有利于课程招生、学习过程的互动和动态的成绩访问;是与校友和家庭保持联系的工具;是集培训和教师、员工访问的统一平台;是传播校园信息的统一平台。高校要加强基础设施建设,就要寻找一种灵活的、可扩展的方式去替代老化的电信网络设备,同时,还要寻找对老化设备进行改进的策略,如简化支持、满足学生和教师的需求、帮助学校创收等。融合设备,如 iPhone 或 iPad,是课堂交互性的硬件设备,这些"综合背包"也将减少学生必须携带的学术工具,减轻学生负担,提高教师教学的可靠性,所以高校应推进这些"综合背包"在教育教学管理中的应用。

第二节　坚持大数据教育管理发展原则

高校大数据教育管理发展涉及制度建设、平台搭建、管理模式、人才队伍建设等,明确工作原则是其成功开展的前提和保障。高校大数据教育管理发展原则主要包括以人为本的原则、扬长避短的原则及疏堵结合的原则。

一、以人为本的原则

高校大数据教育管理具有"以人为本"的特点,无论是大数据教育管理的物理设施建设,还是大数据教育管理软件系统的开发应用,或是大数据教育管理的隐性文化培育,都必须坚持"以人为本"的原则。首先,平台是基础,高校应完善大数据教育管理的基础设施,构建学生的物理学习空间和网络学习空间,形成线上、线下相融合的立体化学习模式,这些物理设施要体现"用户至上"和"学生本位"的价值追求。其次,高校大数据教育管理软件系统在开发之初,就应以最大限度地发挥人的主动性、维护人的尊严为基本标准,以人的全面、自由和个性化发展为根本目标。最后,高校大数据教育管理文化不是冷冰冰的数据理性,而是应将人文关怀融于其中,防止人的尊严、人的价值在强大的技术理性面前被贬低、被异化。在高校大数据文化建设中,一定要避免"大数据主义"的产生,防止数据霸权的产生,这就要求我们在规避大数据负面影响的同时不否定大数据的正面作用,弘扬数据的理性而不盲目崇拜数据。

二、扬长避短的原则

大数据的双重效应给我国高校教育管理带来了机遇,也带来了挑战。从总体上看,大数据技术给高校教育管理带来的种种机遇和变革的"利"远远大于目前还未出现或者初显的"弊"。针对大数据技术的双面性,高校在制订应对规划、战略、制度时要坚持扬长避短、趋利避害的原则。发扬大数据在促进民主、平等、公正、自由的大学文化建设及科学研究方面的优势,利用大数据的及时性、动态性及互动性等优势,营造新型师生关系;利用大数据的预警性来判断教育管理的动态趋势,做到防患于未然;利用大数据的先进性,提升教育管理信息的安全性,从而保护师生隐私和数据财产不受非法侵犯。当然,对于大数据可能产生的隐私泄露、人之异化及数据霸权等消极影响也要提前防范。

三、疏堵结合的原则

在文化多样性的信息时代,大数据技术给高校学生教育管理工作带来的空前挑战,特别是西方多元价值及美国推崇的普世价值,将借助大数据、网络等现代技术载体快速传播和渗透到我国高校师生中。针对西方政治、文化及思潮的入侵,我国高校要坚持疏堵结合的原则,宜疏则疏、宜堵则堵。利用大数据技术的互动性和及时性特点,对一些不良文化观念进行疏导,做到因势利导,为管理者和被管理者提供交流沟通的平台和机制,而不能简单地围追堵截。这是因为,在大数据时代,传统封堵的方式将会适得其反,最终反而会欲盖弥彰。但是,对于违反我国基本制度、基本国策等错误行为和思想,必须利用大数据技术的预警性优势,做到早预防、早发现、早治理,把问题消灭在萌芽状态。

第三节 加强大数据教育管理顶层设计

在高校大数据教育管理新范式的建立过程中,加强顶层设计,建立相应体制机制是关键。顶层设计具有长远性、战略性、科学性的特点。科学的大数据发展规划(IT 发展规划)、完善的大数据发展机制(IT 发展机制)及民主的治理模式,是马里兰大学大数据教育管理成功的重要原因,这对我国高校大数据教育管理有着重要的启发意义。

一、制订战略规划

高校大数据教育管理发展战略规划是高校在现有条件和未来条件下,为更好地实现战略既定目标所采取的措施。我国高校要加强大数据教育管理发展的顶层设计,就必须要制订学校大数据发展战略规划,这样才能做到胸有成竹。《庄子》一书对"梓庆"如此描述:梓庆削木为鐻,鐻成,见者惊犹鬼神。鲁侯见而问焉,曰:"子何术以为焉?"对曰:"臣工人,何术之有? 虽然,有一焉,臣将为鐻,未尝敢以耗气也,必齐以静心。"这句话的意思是说,梓庆做鐻,在进山林选料时已经在脑海中勾画出鐻的模样,才能够在进行雕刻时,做到胸有成竹、一气呵成。美国高校在此方面也有值得学习的地方:马里兰大学IT 战略规划的两大关键问题是资金来源及决策机制,在资金来源方面,其构建了全校性的以集中为主、适当分权的长效 IT 投资机制,以保证资金的高效分配和投资;在决策机制上,采取多群体参与的 IT治理结构,从 IT 治理结构、多用户参与的 IT 评估体系(以院系主任、行政主管、教师、研究者、管理者、IT 员工、研究生、本科生为代表)、CIO 身份与角色定位三个方面来解决。正是基于用户主导、各群体广泛参与、民主治理的模式,马里兰大学的 IT 战略规划才能成为全校性的共同愿景,从而降低了在实施过程中来自用户的阻碍。高校大数据教育管理变革是一场自上而下的变革,这要求我国高校管理者在制订大数据战略规划的时候,要用战略的眼光、可持续发展的原则和开放协同的思维去行动。高校大数据教育管理发展要以建设"绿色、节能、智能、高效"的智慧校园为目标,对利益分配、资源统筹、平台搭建、治理结构、评价激励等方面进行精心设计和规划,要突出人与技术的深度融合,体现"技以载道"的技术智慧和技术人性,要激发各方参与的积极性和主动性,最终促进高校教育管理质量和效益的提升。

二、加强组织领导

要加强组织领导,建设专门的教育信息管理机构是必要的。2012 年,教育部成立了信息化领导小组,同年,教育部成立教育信息化专家组用以指导全国教育信息化推进工作。《教育部办公厅关于征求对[关于"十三五"期间全面深入推进教育信息化工作的指导意见(征求意见稿)]意见的通知》对教育信息化机制建设提出明确要求:"要在各级各类学校逐步建立教育信息化首席信息官(CIO)制度,明确一名分管领导担任首席信息官,全面统筹本单位信息化的规划与发展。要明确教育信息化行政职能管理部门、业务应用推进部门、技术支持部门等各主体在教育信息化建设应用格局中的责任与义务,建立教育信息化和网络安全问责机制,确保教育信息化的健康、有序发展。"从宏观上看,高校要将信息化、智慧化与现代大学治理紧密结合起来,才能促进信息技术与教育教学和服务的深度融合。高校信息化领导机构需要重新调整,信息化部门要从单一的技术管理型向技术型与管理型并重的方向转变,加强对海量数据的分析利用,充分发挥其潜在价值。对此,我国当前急切需要探索 CIO 的运行模式,统筹高校的信息化规划、系统建设、应用推广和业务协调等工作,在二级学院、单位和部门均设置专门的信息员岗位和人员,使信息化嵌入高校的每一个单元之中,尝试推进两级信息建设(信息员制度、学院试点制)。2016 年 6 月,教育部《教育信息化"十三五"规划》明确提出,要建立"一把手"责任制,逐步建立由校领导担任 CIO 的制度,全面统筹本单位信息化的规划与发展。时任华中师范大学校长杨宗凯在"中国高校 CIO 论坛"上提出"信息的核心就是利益重组与流程再造,只有确立了 CIO,才能真正实现重组"。美国超过半数的大学均设有专职和 CIO,参与制订学校战略性发展规划,为学校科学决策和科学管理提供信息服务、设计和管理学校技术服务与应用,建立信息技术与大学变革之间的桥梁。美国 EDUCAUSE 分析研究中心早年间发布的调查显示,"独立设置 CIO 职位(参加学校决策,具有副校级别的权限和责任)的学校占比 39.3%,副校长具有 CIO 头衔的比例为 16.18%,教务长、校长等具有 CIO 头衔的比例为 6.93%,技术部门主任具有 CIO 头衔的比例为 28.9%"(傅宇凡,2017)。这对我国有一定的借鉴意义,不管是独立设置的 CIO,还是兼职 CIO 头衔,都要根据各校实际,关键是要发挥他们在学校决策战略中的"核心"作用,必须能够影响大学决策,这样才能真正实现管理上水平、管理智慧化。一个称职的高校 CIO 必须具有复合能力,包括系统规划能力、信息化教学和课程改革领导能力、教师专业发展领导能力等。在工作态度上,高校 CIO 要积极主动,不能等待 CEO 来灌输发展战略、业务部门来反馈 IT 需求、下属来汇报系统问题,而是积极主动向 CEO 提供决策影响,才能不断提高影响力。在工作内容上,高校 CIO 不仅要关注技术,更要关注业务。IT 的业务价值一是业务运营,二是业务增长,三是业务转型;如果不关心所在机构的整体业务目标和战略,那么就无法提出令领导层感兴趣的方案。在工作创新上,高校 CIO 要学会变革管理。总之,高校 CIO 一定要积极推动创新,不管是技术创新还是应用创新,一定要主动研究变革;不论是技术变革还是组织变革,一定要关注目标;不仅是 IT 目标,更重要的是高校总体发展目标。

三、明晰发展架构

麻省理工学院的 OCW 项目目标定位清晰、体系结构合理,OCW 项目总监行政部门的出版团队、技术团队、评估团队、沟通团队四个职能团队各司其职,保障 OCW 的顺利实施。课程的整个发布过程是流水线型的,从课程登记到课程资源的准备和设计,再到内容的格式化和标准化、建立课程站点、初步评价、阶段发布、故障排除和完善等,各环节紧紧相扣,保证了工作效率的提高,降低了项目运作成本,并且分工和协作合理,从而整体推进了工作进度。同样,我国高校大数据教育管理发展必须要有一个清晰的架构,才能使数据采集、管理、使用、维护等各环节衔接有序、运转顺畅,从而促进学校各项事业可持续发展。我国高校要借鉴发达国家高校大数据教育管理发展的经验,依据国家《促进大数据发展行动纲要》的精神,制订符合学校定位与发展实际的大数据发展规划。坚持业务导向和问题导向,坚持建设与运维并重,提出具体明确的大数据发展战略规划目标,要在广泛调研的基础上进行任务聚类,要提高制度建设、规划方案的科学性和可操作性,考虑全员的利益,加强需求调研,促进师生的广泛参与,提高规划的科学性、决策的透明性,让数据中心的建设效果最大化。

第四节　完善大数据教育管理制度规约

美国和欧盟在实施大数据战略的同时,也实施了限制举措。欧盟以苛刻的数据保护条例来保护公民的个人信息不被侵犯,美国法律严禁公司或运营商对公民个人信息进行销售。高校大数据治理制度建设应从“规范”和“促进”两个维度进行:一方面要通过法律法规促进大数据利用和交易规范化,从而保护个人隐私、保护数据安全;

另一方面要通过法律法规促进高校教育资源共享平台、数据平台的建设和开放。"促进"和"规范"是车之两轮、鸟之双翼,对于高校大数据教育管理发展而言也是如此。

一、建立健全大数据制度体系

高校要以大数据制度的制定为契机,推动教育管理制度体系的整体变革。在高校大数据制度生态中,包括两类制度:一类是规范制度,另一类是促进制度。近几年来,我国85%以上的"211"高校都制定了学校大数据管理办法。例如,西安交通大学于2014年11月发布实施了《西安交通大学信息化数据管理办法》,对数据的管理机构和数据的产生、运维、存储、归档、使用及服务等管理过程进行了详细规定,坚持统一标准、全程管控、安全共享的原则,保证信息化数据的完整性、规范性和一致性,为学校教育管理提供高质量的信息服务;《清华大学校园计算机网络信息服务管理办法(试行)》《北京大学慕课运行管理条例(试行)》《中山大学信息网络管理规定》《华南师范大学信息系统数据管理办法》等都体现了高校对大数据管理规范化、科学化、安全化的共同诉求,这些制度可以算作规范高校大数据教育管理的制度。高校大数据教育管理的促进制度,包括对教师拥抱大数据技术和教育改革热情的保护、激励制度,师生实时、完整、真实而准确采集信息的鼓励制度等。

目前,我国高校不论是规范制度还是促进制度都处于探索阶段,已经制定的大数据教育管理制度都缺乏完整性、系统性、稳定性及可持续性,表现为某一阶段的应急之策。甚至存在高校为"大数据"而"大数据"的问题,部分高校花费巨大成本开发了研究生管理综合信息系统,并在数据采集方面花费大力气进行部署,但在实际工作中,这些数据仅增大了数据库的量,却并没有起到方便学生学习和生活的作用,违背了大数据教育管理"高效、快捷、方便"的初衷。例如,高校一般要求学生发表指定级别的期刊论文,又要求及时将这些期刊论文以扫描件的形式传入学生管理综合信息系统,但是在毕业资格审查之时,仍要求学生持期刊原件到办公室"验明正身"。这种现象的产生原因可能有三种:一是软件应用系统不"科学"、不好用;二是学校管理人员对学生缺乏信任、对软件程序缺乏信任;三是学校管理人员观念落后、思维守旧。不管是哪种原因导致的结果,最终这种做法会在一定程度上削减学生对大数据应用平台和软件系统的"好感",而逆反的情绪容易产生虚假的数据,这不利于高校大数据教育管理的可持续发展。因此,高校在制定本校大数据管理办法的时候,应在遵循国家法律法规的基础上,根据学校实际、地区实际,制定具有可行性和创新性的制度,应考虑管理制度的稳定性和可持续性,在规范大数据教育管理行为的同时,积极促进大数据教育管理的变革。

二、解决大数据建设的有关争议

高校大数据管理制度主要包括采集制度、存储制度、使用制度、公布制度、审查制度、安全制度等。形成完善的制度体系是一个过程,当前高校这些制度的建立处于探索阶段,存在诸多争议:

一是在采集制度方面,存在告知数据生产者(拥有者)知情权与义务的明确规定是否必要的争议。二是在存储制度方面,存在存储期限的争议,哪些数据需要设定短期存储、哪些数据需要设定中期存储、哪些数据需要设定长期存储、哪些数据需要设定永久存储,仍没有定论。保存期限与数据的性质及存储者所评估的数据价值有关,但是主观评估价值都具有相对性,现在认为没有价值的数据也许未来的价值是很大的。三是在使用制度方面,存在着有偿使用还是无偿使用的争议。如果是无偿使用,那么将会出现高校办学资金有限的局面;然而若是有偿使用,则有悖教育的公益性,也阻碍了数据的流转、传播与价值的放大。四是在公布制度方面,存在着原始数据之争、粒度之争、安全之争、质量之争、价值之争、虚实之争等问题。五是在审查制度方面,存在着是业务部门审查还是技术部门审查抑或是第三方审查的争议。数据采集存储部门审查发布,则对数据质量不能保证,第三方审查或技术部门审查,因对业务不熟悉,只能从宏观或技术层面进行查错。六是在数据安全制度方面,存在人防和技防哪个更可靠的争议,其实要做到"人防"与"技防"相结合,相对单一的一个方面来说更方便。高校制定数据安全管理办法的核心内容应包括:建立数据安全管理的部门架构;建立数据资源的保密制度、风险评估制度;采用安全可信的产品和服务,提升基础设施和关键设备的安全可靠水平;采取数据隔离、数据加密、第三方实名认证、数据迁移、安全清除、完整备份、时限恢复、行为审计、外围防护等多种安全技术等。高校必须高度重视这些大数据制度争议,并努力予以解决,否则高校大数据相关制度的制定将无从下手。

三、加快制定大数据相关标准

《国家教育事业发展"十三五"规划》要求,"广泛应用区域教育云等模式,积极推动各级各类学校建设基于统一数据标准的信息管理平台,实现各类数据伴随式收集和集成化管理,形成支撑教育教学和管理的教育云服务体系"。数据的价值是通过数据共享来实现的,但是高校教育管理大数据的异质性给数据共享带来了挑战。因此,需要鼓励提高智慧教育设备的互操作性、源数据和接口及标准的可共享性,从而提高数据的可访问性和价值。教育部 2012 年发布了《教育管理信息教育管理基础代码》等七项教育信息化行业标准,这为高校教育管理大数据标准的制定提供了指导和参考。

目前,高校之间、高校内部都普遍存在数据不兼容、不统一、无法共享等问题。高校大数据标准的制定前提是遵循国家标准和行业标准,即国家大数据标准和教育行业标准,这样才能既保证高校内部各类数据之间的统一和共享,又能与学校外部各类教育数据进行集成与共享。高校数据标准应具有可行性、适用性和延展性:可行性和适用性的要求保证大数据标准从高校业务实际出发,具有切实可用的价值;同时,高校要立足长远的教育变革,使数据标准具有延展性。另外,高校在选择大数据技术合作伙伴时,不仅要顾及其技术能力及业务领域的成熟度,同时要考虑技术方案与现有数据及标准的兼容性,以提高数据的可访问性和价值。特别是学校内部或高校之间的资源采取标准接口和协议,并对异构的、动态变化的教学资源进行整合,这是建立共享机制的基础。虽然高校数据标准应根据国家数据标准进行,但是在国家教育管理大数据标准出台之前,高校不能消极等待,而是应该积极主动地组织教育管理大数据方面的专家和业内人士进行提前谋划与研制。

第五节　促进大数据教育管理协同发展

凡是成功的大数据教育管理案例,无一不是多部门协同的产物。OCW 项目的成功,给我国高校大数据教育管理提供了诸多启示。

一、政府的宏观引导

在高校大数据教育管理协同机制中,政府主要在政策法律法规、资金投入、协同科研、标准制定、考核评估和宣传奖励等方面发挥宏观指导作用。首先,国家要加强相关立法和标准制定。促进高校大数据教育的法律法规包括两类:一类是规范法律,另一类是促进法律。高校大数据教育管理生态系统中的关键因素当属隐私、安全和道德问题,对于隐私的保护、安全的保障和所有权的澄清是大数据技术应用不能回避的挑战,必须正视且予以合理的解决,以促进大数据技术被合乎人伦地使用而不被误用、错用,促进其工具理性与价值理性的统一。目前,我国高校促进网络学习的考试制度、诚信制度、评价制度也还是空白,需尽快出台。普通教育、职业教育和继续教育的沟通有赖于终身学习成果认证体系、学分累计及转化制度的建立。对于诚信问题的解决,可以借鉴 Coursera 依靠网络监考技术、凭借打字节奏判断学习者是否为本人的方法,也可以借鉴美国教育服务中心对英语四、六级在线考试的改革方式,即联盟高校相互设置考点,学生就近机考。因此,要完善大数据制度规约,寻找发挥高校大数据价值、规避大数据技术风险之道。为此,我国可以从以下几个方面进行完善:一是政府要建立健全数据的采集、审查、公布、存储、使用、保护制度,平衡管理创新与隐私保护、数据规范与自由发展。二是政府要加大对高校教育管理大数据技术研发的资金投入,重点在人工智能、实时处理海量数据及数据可视化分析及应用方面。三是政府要改进购买、使用和审核的分离,提升"信息化建设项目"的可持续性;要坚持集约化,提升投资绩效;推动机制创新,推动信息技术与高校教育教学的深度融合。四是我国政府要实施智慧教育重大应用示范工程,促进优秀应用方案的推广和实施。

二、社会的积极参与

《促进大数据发展行动纲要》指出:"到 2020 年,培育 10 家国际领先的大数据核心龙头企业,500 家大数据应用、服务和产品制造企业。"高校大数据教育管理发展离不开社会力量的参与,高校要与企业协同,发挥各自优势,共同研发教育管理大数据技术和培养大数据人才。2016 年 12 月,国家发展和改革委员会确定了 19 个国家工程实验室:①8 个"互联网＋"领域的国家工程实验室,其中,"互联网教育关键技术及应用国家工程实验室"由全通教育集团(广东)股份有限公司和北京师范大学共同承担;②国家发展和改革委员会确定了 11 个大数据领域国家工程实验室,其中,教育大数据应用技术国家工程实验室由华中师范大学承担。这些国家工程实验室除了清华大学、西安交通大学和深圳大学等高校,还有百度、奇虎、圆通速递等企业,以及中国科学院计算技术研究所、上海数据交易中心有限公司等单位。"十三五"期间,教育部继续深入开展与中国移动、中国电信及中国联通三大电信运营商的合作,这是政产学研协同育人的良好举措。实际上,在校企合作方面,各高校已经进行了有益的尝试,如西安电子科技大学与360公司的合作,以西安电子科技大学网络与信息安全学院及国家网络安全人才培养基地平台为依托,共建西电—360网络安全创新研究院。目前,与360公司展开合作的高校有北京大学、武汉大学及西安交通大学等高校。我国高校要进一步加强与企业的合作,应结合本国、地区及学校的实际,联手打造具有本土特色的智慧教育方案,建立高校大数据技术与安全保障体系,以技术、方案、服务和运营推动教育服务市场的发展。同时,高校应利用自身对教育教学管理业务熟悉的优势,依托学科、专业,结合教学实际,研发相关大数据产品。最后,还要借助社会力量促进高校教育大数据技术成果的推广和应用。目前我国规模最大、最权威和最具影响力的教育成果展是中国国际智慧教育展览会,其从2014年开始在北京举行,目前已经举办了四届,是我国首个专注教育信息化的展览会,旨在促进信息技术领域与教育教学领域融通,并依托政府保障传达权威学术,以专业化商业运作的展现方式努力打通教育信息化发展的"最后一公里"。2016年该展览会仍由教育部直属单位——中国教育学会主办、《中国教育学刊》杂志社、北京国新署报刊信息咨询中心和雅森国际展览有限公司承办,此次展览会有展商近300家,并集中展示了30个教育信息化示范校自主建设的真实案例,三天累计3万多人次参观,全国30多个专业观众团参加。展览会的定位为"高大上",产品代表前沿和发展方向,但是观众多是"心动",离付出行动还有一段距离。同时,全国各地不同规模、不同类型的智慧教育展览会举行的并不多,虽然少数省区有相关展会,但也局限于在小范围进行交流。

三、开展国际合作

我国高校必须抢抓机遇、博采众长、知己知彼,方能实现教育管理工作的跨越发展。国外发达国家在教育、经济、科技、人才及国家综合实力上具有先天优势,这使他们抢夺了大数据教育管理发展的先机,并积累了一定的经验,这对我国高校大数据教育管理具有重要的借鉴价值。美国使大数据在商业领域发挥了"点石成金"的魔力,也是首个将大数据上升为国家战略的国家,同时是最早启动培养面向未来的大数据人才的国家。斯坦福大学、加利福尼亚大学伯克利分校及迪肯大学等都开设了如机器学习等全新的、培养下一代"数据科学家"的相关课程。除此之外,新加坡等国家和地区的智慧教育已取得初步成效。因此,我国高校要建立国际交流与合作平台及机制,避免走错路、走弯路,促进走对路、少走路、大超越,应该做到以下几点。首先,我国高校要加强在大数据教育管理技术方面与国外高水平高校的合作,增强我国大数据关键技术、重要产品的研发力,拥有技术主权,避免教育大数据技术的垄断与殖民。其次,我国高校还要加强在学科建设及人才培养等方面的国际交流与合作。再次,我国高校还要坚持网络主权原则,积极参与数据安全、数据跨境流动等国际规则体系的建设,促进开放合作,构建良好秩序。最后,高校教育管理的变革是一项系统工程,牵一发而动全身,在面对全球智慧教育的发展潮流时,必须保持理性,既不能跟风,也不能错失机遇。国际上的智慧教育方案大都处于边研究、边实践、边应用的阶段,企业开发的产品基本上都是第一代,虽然体现了智慧教育的愿景,但是还不具备大面积推广的价值,我国高校大数据教育管理方案也存在这些问题。总而言之,我国高校在学习借鉴国外高校大数据教育管理成功经验的同时,要用批判的眼光和战略的思维,提出适合国情、能够解决实际问题的大数据教育管理发展方案。

第六节　创新大数据教育管理分享机制

高校教育管理数据资源的开放程度越高,产生的价值就越大,没有共享和开放,数据只能是一堆没有生命和意义的数字而已。高校教育管理公共数据资源统一开放的程度包括低、中、高三个程度,高校公共数据资源低程度的统一开放仅限于部门内部,中等程度的公共数据资源统一开放限于地区,而全国统一开放的高校教育管理数据库则是高程度的,当然更高程度的统一开放是面向全球的,从而达到人类的知识信息共享。

一、采取分步实施、逐步推进的方式

公共数据服务正在成为未来的新兴产业,并逐渐走向集成、动态、主动和精细化的发展阶段,但是在数据公开方面,引导潮流的很难是个人或企业。显然,代表公共利益的政府应是数据开放潮流的引领者和规则制定者。《促进大数据发展行动纲要》指出,"制定公共机构数据开放计划",要在 2017 年底前形成跨部门数据资源共享共用格局;在 2018 年底前建成国家政府数据统一开放平台,率先在信用、交通、医疗、教育、科技等重要领域实现公共数据资源合理适度地向社会开放;在 2020 年底前,逐步实现信用、交通、医疗、卫生、就业、教育等与民生保障服务相关领域的政府数据集向社会开放。开放共享是大数据价值的生命线,高校作为社会思潮和先进文化的创造者和传播者,思想开放、兼容并包是其应有的品质,是构建高校资源开放共享机制的必然结果。但是,目前高校的开放和共享意识还不够,除了部分"211"高校尝试资源共享、学分互认,其余大部分高校的"马赛克"现象还比较严重,诚如邬贺铨院士所言:一些部门和机构拥有大量数据,但以邻为壑,宁可荒废也不愿意提供给其他部门使用,导致数据不完整或者重复投资,浪费了大量的人力、物力、财力。大数据时代已经来临,我国需要共享精神。我国高校大数据共享机制的建立也可以采取分步实施、逐步推进的方式,可以考虑以立法的形式,在保证数据安全的前提下,先强制后自觉,逐步冲破部门、学科、专业、行业、领域等之间的阻碍,不断推进高校教育管理大数据实现更高程度的开放、共享和应用。

二、建立利益共享的激励机制

高校大数据教育管理发展是一项系统工程，需要建立多方参与、无缝对接的合作共同体。推进高校大数据教育管理面临的阻力有很多，包括资金、技术、人才及体制机制等，其中体制机制是关键，利益共享是各方密切合作的动力。这个合作共同体也是一个利益共同体，不同的利益诉求、相同的求解方式将多方联结在一起，所以说，建立健全利益共享机制具有"射人先射马"的战略意义。例如，在国内大部分高校的开放课程建设投资中，占比较多的是政府和高校投资，社会公益投资很少，大数据教育管理的成本分担机制没有形成。要构建多方融资的渠道，就必须要有合作方各自利益点的发掘。有些高校已经尝试实行学分互认，为了长期可持续合作的需要，建议可以尝试推行完全学分制，或者在目前不完全学分制的基础上，对各门课程学分进行估价，对于依托合作高校在线课程修满的学分，可以给予合作高校适当的费用补偿。另外，建议建立科研数据的分级共享机制，对于造福全人类的科研数据建议建立数据开放共享的激励机制。国家在宏观政策的引导上，对于致力于推进知识传播、文化发展和社会进步的 MOOC 资源进行经费补偿；设立智慧教育进步奖，对于推进大数据教育管理的相关教师及管理者进行表彰奖励；甚至鼓励学校内部实行教师职称评聘等制度改革，对大数据教育管理相关奖励予以肯定和倾斜；在国家高等教育教学成果奖的评选导向上，建议将高校大数据教育管理作为未来教学成果奖评选的重点内容之一。

第七节　构建大数据教育管理评价体系

教育数据"资产"无疑是智慧教育构建的基石，只有建立科学的评价机制，才能推动从数据采集到数据利用"一体化"发展，实现智慧教育的良性循环发展。ACU 移动学习项目、麻省理工学院 OCW 项目及英特尔未来教育项目无一例外都给予评估活动以高度的重视，并在制度、资金、专家及人员等方面给予保障，这带给我们诸多思考。

一、建立完善的评价体系

OCW 在组织架构上，将评估咨询委员会作为麻省理工学院院长办公室下面重要的一级机构，其建立了一个专门的评估团队，设计了一个集项目评估和过程评估于一体的评估体系，并分别制定了评估档案。项目评估侧重评估课程的访问情况、使用情况和影响情况；过程评估考察 OCW 的实施过程，并评估其工作效率和效果。项目评估与过程评估体系相结合的方式，有助于评估团队全方位地了解项目的实施和进展情况，以便制定相应的改善措施。另外，ACU 也高度重视评估工作，它对移动学习计划进行持续的监测和评估，并在每年发布移动学习报告，为学校下一步科学决策提供依据。我国高校应加强督导，形成对高校大数据教育管理的评价机制和反馈机制。要加强大数据教育管理评价体系的顶层设计，应将大数据的基础设施和制度建设作为高校的基本办学条件之一，一个高校要达到现代化的重要观测点，应将高校大数据教育管理的评价机制与反馈机制纳入学校的基本评价指标体系之中。同时，建立高校大数据教育管理建设和实施过程中各个环节的具体评价体系，做到"无事不规划、无事不评价、无事不反馈"。高校大数据教育管理建设指标体系的设计要突出教学的中心地位，坚持效果评价与过程评价相结合的原则。

二、建立完善评价方式

英特尔未来教育项目有一个明显的特点，就是强调评估的重要性：从一开始就实施评估流程。这种评估和跟踪体现在新计划的规划与设计流程中，以及财政预算与人力资源的分配上。他们认为，只有当评估结果出来后，才能做出关于开发方向的决定。英特尔未来教育项目斥巨资进行教育评估，其采用第三方客观评价的方式进行。

在我国高校大数据教育管理中,也要重视各种规划或工作的实施情况,进行阶段性和总结性评估,评估其是否达到了最终的目标。我国高校要建立量化督导评估和第三方评测,将督导评估结果作为相关人员奖励和问责的依据,以提升学校发展教育信息化的效率、效果和效益。在我国高校大数据教育管理建设中,既要关注整个数据治理的全流程管理,又要关注数据分析和利用的效果评估,通过对高校数据采集、数据全流程管理、数据质量、数据治理能力、数据利用等各个环节的项目评估、过程评估和效果评估,促进高校大数据教育管理各个环节的改进。当然,这是一个长期的持续优化和迭代的过程。

第八节　强化大数据教育管理师资培养

人是第一位的生产要素。加强专业人才培养,建立健全多层次、多类型的大数据人才培养体系,是未来中国大数据战略的重要人力资源支撑。《促进大数据发展行动纲要》指出要"创新人才培养模式,建立健全多层次、多类型的大数据人才培养体系"。信息化的技术特征决定了人才投入是更具决定性的因素。大数据治理的核心是人,人既是大数据技术价值的追求者,又是大数据隐私的主体和捍卫者。专门的工作队伍建设是高校大数据教育管理发展的重要人力资源保障,高校大数据人才应当是"技术背景"＋"管理教学专家"的双重身份。然而,目前我国高校大数据人才的状况是,教师数据素养普遍不高,对新媒体技术的重要性认识不足及技术运用能力较低。我国高校大数据师资队伍的建设可以从以下几个方面着手。

一、改革培训体系

教师是大数据时代"更加成熟的学习者",教师和学生之间是相互协作的工程师。高校在大数据人才培养方面具有特殊使命,不仅要培养数字公民,更要求教育者自身的信息技术能力也很高。大数据时代的教师角色将发生巨大转变:由传统的"知识占有者"向"学习活动的组织者"转变,由传统的"知识传授者"向"学习的引导者"转变,由"课程的执行者"向"课程的开发者"转变,由"教教材"向"用教材"转变,由"教书匠"向"教育研究者"转变,由"知识固守者"向"终身学习者"转变。大数据时代,高校教师的信息素养包括对信息的收集和处理能力及运用信息技术进行专业教学和提升的能力。借鉴美国及英特尔的教师培训项目经验,我国高校应建立并完善教师专业发展培训课程体系,重新设计教师职前培训项目,将原有的技术课程转变为可以使教师深入运用技术的教师职前培训课程。要改革职后培训项目,使其内容紧跟时代潮流及教育改革潮流,能够与时俱进反映学生发展的根本需求。教师职前培训课程体系建议设置"基础课+专题课+核心课题+自选课"的课程模块。另外,课程体系也不应是千篇一律的,而应根据不同的培训对象采取不同的方案,只有差异化的培训课程和教材,才能更加有效地提高全体教师的大数据素养,且不同对象不同时期的培训内容也是灵活变化的,这一切都应根据培训对象的需求决定。对于职后教师的培训,需要学校根据教育管理工作的需要和教师的特点进行,更要采取个性化的培训方式,即"按需培训""多元培训""个性化培训"。

二、创新培训方式

对高校教师的培训,从内容上来讲,不仅包括大数据技术,更包括大数据理念、大数据思维。英特尔未来教育项目的主要授课方式如下所述:人—机交流、机—机交流和人—人交流。在互联网、大数据技术背景下,高校教师必须具备基本的信息素养和大数据素养,熟练掌握并运用新技术促进教学革新。在人—人交流模式中,合作、体验的特点得到彰显;在模块化的学习中,创新的思维得到彰显。对高校教师大数据素养的培训不能期望一门信息技术教育基础课程能够"包治百病",要将信息技术能力培养与课程、具体准备项目相融合。

实施教师准备项目，确保教师按照有意义的方式掌握技术并使用。模拟如何选择和使用恰当的 App 工具为学习提供支持，并能评价这些工具的安全性和有用性。高校要在培训中贯穿自主、交互、探究、体验式的学习活动，充分利用网络平台开展研讨和交流，让教师体验新的学习方式，让他们日后将所学运用于自己的教学中。

三、协同多元力量

高校教师大数据素养培训主体有三种：一是教育行政主管部门；二是信息技术提供商；三是高校。按照《促进大数据发展行动纲要》要求，要建立协同机制，充分利用社会资源，加强对高校教师大数据能力的培养。高校可依托政府培训项目，遴选教师参与培训，建立大数据人才库；与大数据技术公司、大数据应用公司及大数据培训公司等企业合作，如数据堂（北京）科技股份有限公司、北京腾云天下科技有限公司、华为技术有限公司、阿里巴巴、百度等，不断提高教师对信息技术的使用能力、大数据的分析能力及教育教学的改革创新能力，或者在国内设立培训基地，建设试点高校，充分发挥对其他高校教师发展的辐射和示范作用。同时，要加强国际合作，可以与美国、英国、韩国、日本等智慧教育领先国家加强合作，双方互派培训人员，相互学习、相互借鉴，从而推进我国高校教师大数据素养的不断提升。当然，高校除了提升教师的大数据素养，还应提升学生的大数据素养。高校教育教学活动是师生共同参与的活动，具有"双主体"的特点，这也就是说，任何一方的大数据素养不高都会影响大数据教育管理的顺利进行。正如学者所说，智慧教育是以一种"人机协同工作系统"，即人和技术协同作用而构成的教育系统，即人是技术的主宰（张立新和朱弘扬，2015），让教师和学生能够善于应用技术、与技术协同进行教与学，进而提升教与学的品质。

第四章

高校德育管理理论与实践研究

第一节　高校德育管理的重要性

德育实效性是衡量德育管理效果的一个重要标志。因此,研究德育管理的实效性是学校管理研究的一个重大课题。

从我国的德育管理实效性来看,存在着"低效劳动""无效劳动",甚至还有"负效劳动"现象,总之,实效性不高。实效性差的很重要原因是德育管理工作跟不上时代的发展,突出表现为"三重三轻""三个不适应""四个不能"。"三重三轻"即重智育轻德育、重知识轻能力、重课堂教学轻社会实践。"三个不适应"即德育工作不适应青少年身心发展的特点、不适应社会生活的新变化、不适应全面推进素质教育的要求。"四个不能"即不能很好地根据青少年学生身心特点和认知规律开展德育工作,存在成人化倾向;不能很好地根据国内外形势的新变化、教育改革和发展的新任务与青少年思想教育工作的新情况,有针对性地对学生进行教育;不能很好地将校内教育与社会实践和家庭教育密切结合起来;不能很好地将知识传授与行为养成密切结合起来。

面对新形势、新情况,德育与德育管理工作在继承和发扬优良传统的基础上,必须在内容、形式、方法、手段、机制等方面进行创新和改进,特别要在增强时代感,加强针对性、实效性上下功夫,增强德育工作的紧迫感和责任感;必须下大力气研究德育和德育管理的实效性问题,使德育工作走上科学化、系统化、规范化、现代化的健康发展轨道。

第二节 高校德育的内容与任务

一、学校德育的内容

学校德育的实效不尽如人意的主要原因之一,是没有对中国社会转型期的时代特点进行深刻研究,没有形成新时期道德教育的核心内容,缺乏时代针对性。

中国著名教育家叶澜认为,新时期道德教育的核心内容及其关系问题应分为四个层次:

第一,以"诚信"为核心的为人之德教育。这是市场经济发展要求建立以"诚信"为道德基础的时代特征的反映。

第二,以"责任"为核心的为事之德教育,包括人要对自己的选择负责,对自己承担的工作负责。这是比"奉献"低一个层次但更为基本的公民道德。

第三,以"爱国"为核心的为民之德教育。这是在当代经济全球化背景下维护国家、民族尊严和利益的保证。

第四,以"自我完善"为核心的生存道德教育。这是为了适应当代社会复杂性和变化加剧等特征。

中国著名哲学家李德顺则认为:

第一,在群众道德建设的内容上,需要以道德人格的确立和健全为重心。

"道德人格"主要是指人们的道德主体意识,包括追求高尚道德选择的能力自信和人格尊严等。道德人格同道德规范相比,是更深层、更基础的道德意识。在社会生活中,现实的道德规范不仅是多元的,而且是多层次、多样化的,需要人们自觉地选择和遵守的道德规范时时处处都有。比如,在家庭中有亲情规范,在朋友间有交友规范,在政治上有政治道德,在学业上有学术规范,在婚姻中有婚姻规范,在公共交往中有礼仪规范等。我们的道德建设要从"重人格、带规范"入手,才能扭转被动的局面。

第二,在各个层次道德规范的建设中,应该首先着重于公德系统的规范化。

传统道德教育的另一个弊端,是公德与私德不分,或重私德而轻公德。其表现是过分地诉求于个人,而对社会的公共道德规范建设与实施要求不多。所谓"修身、齐家、治国、平天下"便是这种道德思维方式的典型。它把国家、社会的一切均寄托于个人的修养,而不承认或从根本上忽视了社会体制、环境、公共规则的作用。以这样的思想进行道德教育,一方面导致了对个人行为干预过多,从而束缚了个性(人的道德个性,即私德)发展;另一方面则导致忽视与放松社会应有的体制、机制、法制规范体系的健全改进。

公德,是指社会公共事务、公共角色、公众行为中的道德原则和规范,如职业道德,社会角色道德,管理、决策和组织方式的道德等。社会公共规范是社会公德最明确的表现,遵守公共规范就是尊重自己所联系的社会公德,如政府部门重"官德"、教师重"师德"。每一个从事社会公共事务的人都尊重、珍惜自己的"业德",即职业道德,这是公德建设的第一步,是最起码、最重要的一个目标。

在当前情况下,道德建设首先要着眼于社会公德的规范化,把有助于完善社会主义公德的各项规范落到实处,建设完备,并让它们见到实效。道德建设不仅对形成新的社会风气有直接的决定作用,而且也对个人道德的培养和提高有着巨大的影响力和感召力。它是我们新时代道德文明建设的主要基础工程。

国家在总结各种研究成果的基础上,在《公民道德建设纲要》中明确指出,要在全社会大力倡导"爱国守法,明礼诚信,团结友善,勤俭自强,敬业奉献"的基本道德规范。社会主义道德建设要坚持以为人民服务为核心,以集体主义为原则,以爱祖国、爱人民、爱劳动、爱科学、爱社会主义为基本要求,以社会公德、职业道德、家庭美德为着力点,在公民道德建设中把这些主要内容具体化、规范化,使之成为全体公民普遍认同和自觉遵守的行为准则。

该纲要还提出了公民道德运作的三大创新机制,分别是:尊重个人的权益与承担社会责任相统一,着眼多数与鼓励追求先进道德相结合,强调道德自觉与完善制度约束相结合。

二、学校德育的任务

自从以经济建设为中心,实行改革开放以来,特别是向市场经济转变以来,我国社会道德状况发生了巨大的变化,突出的一点是许多传统的道德观念受到了极大的冲击,人们的道德行为出现了空前错综复杂的局面,不少人的道德意识也处于极度混乱、迷惘的状态。

有人认为,当前的道德失控是社会转型期的一种暂时现象,与这些表面的"滑坡"是相伴随的,还有深层的道德进步,如人们的道德心理和行为中出现的由"假"向"真"、由"虚"向"实"、由"懒"向"勤"、由"依赖顺从型"向"独立进取型"、由"封闭"向"开放"、由"单一化"向"多元化"回归等变化。从长远看来,这是现代道德文明振兴的开始。总之,我们的道德从本质和发展趋势上看,需要"爬坡",也正在"爬坡"。

衡量社会道德的发展状况、社会道德的进退得失的标准,实际上是有两个层次的:一个是以一定的道德理想作为标准,即道德标准;另一个是以社会进步发展作为标准,即社会历史的标准。

道德标准,是以一定道德体系为坐标,用它的观念和指标,如一定的道德理想、规范、信念等为标准,来衡量人的现实行为和社会风气。凡是符合这些标准的人和事,就给予肯定,认为它是好的,反之,则加以否定,认为它是不好的;凡是趋向于道德理想的变化,才是道德上的"进步",反之则是"退步"。道德标准是社会文明的一个重要方面,而片面的道德理想主义则往往只承认这个标准,不了解或不承认还有另一层标准,甚至他们的道德理解本身就是脱离现实、脱离人民的。

社会历史标准是以对社会全面发展的意义和作用来衡量一切人和事的,其中也包括要对道德的理想和观念加以检验。在历史上的每个朝代中,都存在着各种各样的道德及其理想、标准,因此还必须有指导、评价和选择它们的更高标准。也就是说,道德只是一个衡量社会发展状况的具体标准,并不是一个可以无条件地评价社会历史的最高标准。在人类社会的历史发展中,道德本身的合理性和先进性,也是需要检验和发展的。对我们来说,这个更高的标准就是有利于人类社会的进一步解放和发展的,才是进步的、合理的道德,反之则是落后和不合理的道德。换言之,归根结底,只有推动社会前进的,才是道德的。而这一点往往不能被道德理想主义所把握。

上述两个层次标准的适用范围不同,具体的道德标准主要适用于某个既定道德体系的建设,社会历史标准则适用于整个历史和社会的全过程。特别是在社会变革和转型的时期,每个具体的道德标准都要经受历史的检验,道德标准的变更和重新确立也要以历史标准为根据。两个标准之间如果发生冲突,历史的结论往往是:道德标准最终要服从历史标准。这是一场深刻的、不无痛苦的思想革命。"滑坡论"与"爬坡论"之争,实际上反映出的正是这两个不同层次标准之间的差别,即用既有的、一成不变的道德标准来衡量现实,往往会比较多地看到"失落"的方面;而用社会历史的标准来看待现实,则往往更注重道德与社会进步之间的一致性,看到道德革新的要求和趋势。

德育是全面发展教育的重要组成部分,包括政治教育、思想教育和道德教育三个方面。德育工作是一项复杂的系统工程,其成效在很大程度上取决于德育管理的水平。德育管理的任务是以保证德育任务的顺利完成为出发点和归宿的。德育的作用主要有以下几个方面。

第一,全面规划并组织德育工作的实施。学校应对德育工作高度重视并进行全面规划,在明确德育目标的基础上,根据高校德育大纲制定本校的实施细则,全方位组织实施。通过制订德育工作实施方案,让全体教职工明确德育工作的重要性和任务。学校的各项工作都具有教育性,每个教职工都是德育工作者,都要在不同的岗位上担负起教育学生的责任。

第二,发挥思想品德课和其他各科教学的教育作用。思想品德课是较系统地向学生进行思想品德和政治教育的一门课程,在学校德育工作中有着特殊的地位和作用。因此,学校要重视思想品德课教学内容、教学方法的改革,密切联系学生的思想实际,逐步提高学生的思想政治水平和社会主义道德品质,还要强化教书育人的职业道德,发挥各科教学的德育优势,引导全体教师自觉做到寓德育于各科教学内容与各个教学环节之中。

第三,加强对班主任工作的组织管理。班级是进行德育的基层单位,班主任所进行的日常思想教育是学校德育工作的基础。班主任工作的水平直接关系到学生思想品德的培养和学校校风的建设。因此,加强对班主任工作的组织管理要做好以下四个方面的工作:其一,要锻炼和培养一支热爱学生、具有吃苦耐劳精神、富有教育教学经验、有一定管理能力的、较为稳定的班主任队伍;其二,要在开展班级工作的各个基本环节给班主任以指导和帮助;其三,及时总结交流经验,注重班主任业务水平和基本素养的提高;其四,要采取适当措施改善班主任的待遇。

第四,加强对德育工作的评估管理。德育工作进行的效果如何,要通过一定的方式做出客观的评价。德育评估包括对学校整体德育工作的评估和学生个体思想品德的评估。只有既考评学校的德育工作,又考评学生的思想品德,才能全面总结管理的经验教训,促进德育工作的开展和学生品德的成长。德育的评估可分为定性评估和定量评估,这两种评估方法各有利弊,一般采取定性评估和定量评估相结合的方式进行。

第三节　高校德育管理实效提高的方法

随着经济的发展、社会的转型,教育面临着更大的挑战,思想政治工作虽然比以往有很大改善,但在学校思想政治工作中,德育的实际效果并不理想。出现这种结果的原因是多方面的。就内部原因而言,不少学校在德育工作中重形式、轻实效,不分对象进行施教;也有人认为花的时间多、精力多,德育效果必然好,甚至有人单纯以工作量来衡量德育工作的成绩。就外部原因而言,经济发展促进了人们的思想解放,产生了许多与社会进步相适应的新观念,导致也出现了一些消极的思想与观念,导致一定程度上出现了道德滑坡现象。当前,要切实提高学校德育工作的实效性,就必须针对上述原因,提出系统的对策。

一、确立"以人为本"的德育观念

德育观念是德育管理的根本指导思想,更新德育观念是提高德育实效的关键。传统的德育把受教育者当作各种道德规范的接受体,学生处于被动接受教育的地位,教育者与受教育者之间难以沟通,增加了德育实施的难度。在当今知识经济时代,社会需要的是具有主体精神、创新精神的人。在这种情况下,"以人为本"的德育观念是时代的体现,树立"以人为本"的观念,是在德育工作中从学生出发,把学生作为独立的主体,教会学生做人,并一方面把社会所需要的思想道德价值观传递给学生,使之社会化;另一方面,注重学生的自我完善与自我发展。确立"以人为本"的德育观应该注意以下两点：一是教育者与受教育者应成为道德教育的共同参与者，在道德教育中，教育双方之间要相互理解、相互尊重，通过情感的交流与共鸣，促进道德的内化；二是要注意道德教育过程是一个对话过程，这种对话是一种广义上的对话，它既可以是以道德认识为目的的观点性讨论，也可以是教育行为上的相互影响。

二、调整德育的自身结构

德育的自身结构包括目标、内容与方法三个方面。在新的发展时期，要真正提高德育工作的实效性，就要在这三个方面实现全面的创新。

（一）确定符合社会需要又适应个体发展的德育目标

德育目标制约与影响着德育的全过程，决定着德育的内容方法与途径的选择，因此，明确德育目标是德育工作的首要问题。在当今的学校德育工作中，德育目标存在"高、大、空"的问题。所谓"高"指的是过于理想化。追求美好理想本是应该大力提倡的，但是不能一味脱离实际地追求理想。当前，学校德育往往缺乏更基础、更现实的目标体系和价值趋向，以致其脱离了社会实际和学生生活实际。这样不仅不能引起学生的兴趣，反而容易使学生反感。所谓"大"指的是共性化。"四有新人"（有理想、有道德、有文化、有纪律），是对广大干部群众和青少年的共同要求，但对青少年德育工作而言，缺乏对不同教育阶段、不同群体、不同层次的理论研究，因此在实际工作中更容易受到忽视。所谓"空"，是指一般化。德育工作流于空泛，缺乏明确要求和集体指标，可操作性不强。德育目标是一种预期的结果，但它毕竟不是真实的客观结果。

当前，要使德育目标更切合实际、更具有层次性，需要注意两个方面的问题。一是根据社会对人才的需要确立德育目标。任何一个社会都要求其公民认可现存的政治、经济制度，遵守社会所规定的法律和道德，为社会的繁荣和发展尽其相应的义务，这些基本的要求理所当然地成了制定德育目标的依据。二是随着科学技术的发展和现代生活方式的变化，只强调阶级的、政治的目标显然是片面的，科技的进步提高了产品生产率，促进了社会加速发展，但也带来了一些新问题，并对以往的道德观念提出了挑战，如克隆技术、安乐死等，这种情况反映到德育中，就体现为在确定目标时要考虑受教育者的心理发展水平和自身发展的需要。当代青少年的道德认识和行为带有明显的时代特征。一方面是思想品德认识的主体性和独立性，另一方面是青少年思想品德认识的结果呈现出多样性，此外，在确立目标时，还有一点需要注意，那就是目标的系统性。根据学校实际，应尽量把目标分解到不同的年级，有重点、分阶段、分层次地贯彻落实。

（二）依据新的德育目标进一步充实德育的内容

当今学校的德育内容主要存在以下几个问题：一是部分内容老化，已不能适应时代发展的需要，只是重点介绍一些陈旧的、脱离社会现实的东西，而学生希望解决的问题却得不到回答，导致学生不愿意参加德育活动；二是德育内容与学生身心发展脱节，甚至大、中、小学生却德育内容出现倒挂，中、小学狠抓智育，忽视了基础文明、基础道德规范的教育，到了大学以后却又要抓"吃饭排队""不随地吐痰"等行为规范的教育；三是大、中、小学德育内容的重复，大、中、小学生都进行了马克思主义理论教育，但是各种教育内容没有根据学生实际予以明显的区别。

道德源于人们在物质生活过程中的交往活动，是人们在社会生活中自发形成的。因此，最初的道德教育是与学生生活联系在一起的，后来随着制度化教育的产生，学校教育与生活走向了分离。然而，人的道德植根于人们的现实生活，品德的养成发生在每个具有偶然性的真实社会情境中，德育只有立足于学生的生活实际，才能更好地实现道德的内化，达到育人的目的。

针对德育内容的现状，结合德育自身的特点，我们需要从以下几个角度充实德育内容。一是力求内容安排的序列化。德育内容的选择与安排直接服务于德育目标的达成,德育目标的实现是一个层次化、序列化的过程,相应的德育内容也要注意序列性。二是加强对学生道德敏感性的培养。当今社会的基本特点是开放性,道德价值观的基本趋向是多元化。价值多元化是指同一社会同时存在两个或两个以上的价值观念体系。例如,"谦让"一直被认为是传统美德,在如今却受到人们的质疑,当面对权力与利益时,人们不再一味相让,而是提倡公平竞争,因为公平才是最根本的道德原则。在价值多元化的社会现实下,学校德育应该使学生意识到自己的道德价值及他人的道德价值观,使他们自觉地发现和理解在现实生活中自己与他人在价值观上的共识和冲突,只有具备了良好的道德敏感性,学生才能够在具有多种价值观的社会中学会与他人和平共处,创造美好未来。三是重视培养学生的道德思维能力。道德思维能力包括道德推理能力、判断能力、抉择能力等。现代社会的道德是理性的道德,学校应借助理性力量形成学生自己的道德信念,理解社会的道德规则,以便在面对道德冲突时能顺利做出正确的道德判断和抉择。

(三)科学地选择德育方法

德育方法是思想品德教育所采取的各种影响方法的总称,包括教育者和受教育者两个方面的方法。作为社会要求与受教育者主观世界发生关系的纽带,德育方法对德育实效有很大的影响。常见的德育方法有说服教育法、榜样示范法、情感陶冶法、品德评价法等。长期以来,学校德育仅仅局限于道德知识的传授和道德原则的灌输,忽视了学生的道德情感、道德意志及道德实践能力的培养,导致了学生言行不一。灌输从根本上是强制性地使学生接受自己不理解的教育内容。20世纪以来,灌输的方法一直是教育家极力反对的,然而在现实生活中,灌输的方法仍以不同形式、不同程度地存在着,如在日常教育中,热衷于道德知识的竞赛活动,以思想政治课的考试成绩衡量学生的品德发展水平等。阿特金森认为,灌输的缺点不在于内容,而在于方法的不合理性,当教育者用强迫的非理性的方法进行教育,而不考虑受教育者是否愿意、是否能够接受时，就是进行道德灌输。柯尔伯格极力反对道德灌输，认为灌输既不是一种教授道德的方法，也不是一种道德的教学方法。道德学习的特殊性使得它更强调潜移默化的影响和生活实践，如果单纯地把道德作为一种知识来教，而对学生的道德实践关心不足，那么即使学生掌握了良好的道德规范体系，也会因缺乏实践而不能转化为道德信念并指导其行为。因此，教师必须切实改变传统的单纯灌输的德育方法，根据学生道德接受的基本规律，选用科学的方法，并对各种方法进行优化组合。在具体的组合过程中要注意三个结合：一是教育和自我教育相结合，因为作为教育活动的主体，外界影响必须通过受教育者自身的意识发生作用；二是说理教育和德育实践要结合起来；三是道德教育和心理教育相结合，德育和心理教育有着密切的联系，健康的心理是顺利进行德育的基础，要注意道德习惯养成和心理训练的结合。

三、实行三位一体的德育途径

德育的渗透性、复杂性、长期性要求我们必须多途径协调合作，形成学校、家庭、社会三位一体的德育体系。

首先，要充分发挥学校在德育中的主导作用。在学校德育中有许多德育实施的途径，如专门的德育课、其他学科的德育渗透、学校集体活动及环境影响等。作为专门的教育机构，学校必须发挥主导作用。在学科教学日益智育化，且未找到有效的办法在学科教学实施德育的条件下，应设立单独的德育课，可以使学校德育的实施在课程和时间上得到最低限度的保证，也有利于系统地向学生传授道德知识和理论，提高学生的道德认识。学生要学会复杂的道德判断，就必须学会以特定的方式探究特殊的道德问题，以特殊的方法进行理解、内化，这些都需要安排专门的教师进行教学。但道德课的缺陷在于单纯的课堂教学容易导致知行分离，因此在进行直接道德教学的同时，必须注意与其他方面的结合。

其次,要高度重视家庭在德育中的地位与作用。看到德育的实效性低下时,人们往往会去指责学校教育的失职,殊不知,家庭教育也负有很大责任。特别是学校教育与家庭教育不协调时,更容易导致德育实效的降低,因此提高德育实效要注意与家庭教育相配合。提高家庭育人水平的关键在于提高家长的素质。作为家长,应注意树立正确的教育观念,运用科学的方法对子女进行教育。一是要教育子女先做人,对子女品德方面的问题要认真分析原因,根据其性质合理对待,并且要充分激发子女积极向上的动力,帮助其自省与奋进。二是要与子女平等相处。一方面在家庭教育中以身示范,注重言教与身教的统一;另一方面要尊重子女的情感、意愿和选择,以理服人,不强制管教子女。

最后,要注意实现德育的社会化。实现德育社会化主要是做好社区的德育教育,做到社会影响与家庭、学校相配合。实现德育社会化主要有以下几点:一是优化社会环境、发动社会支持、参与学校德育;二是搞好青少年校外教育,充分利用社会资源的教育作用,如博物馆、敬老院、图书馆等,都有潜在的德育教育作用;三是推动社区精神文明建设,创造良好的德育环境,包括形成良好的社会风气、公共秩序和生活环境等。

四、构建合理的德育评价体系

德育实效性的评价不在于学校组织了多少次德育活动,也不在于对学生做了多少件好事的统计数据,而在于学生思想品德水平的提高和发展。对学生思想品德的评价需要从知到行两个方面进行分析判断,并结合学生在学校、家庭、社会各个方面的表现进行系统的分析,这就使得评价有相当大的难度。人的思想观念作为一种精神因素是不能被直接测量的,但人的思想观念在反映外部世界的同时,又必然通过其言行在日常生活、学习和工作中表现出来,并作用于社会和他人。因此,品德测评虽有很大难度,但不是不可能,关键在于评估者的素质水平及方法的科学性。为此,在德育实效性评价过程中应遵循以下三个原则:一是客观性原则,即评价者以真实的资料为基础,对教育成果进行客观的价值判断,在使用评价内容、标准时要克服主观随意性;二是教育性原则,德育评价从形式上看是一种分析信息、得出结论的过程,但实质上是为了教育被评价者,促进他们良好品德的发展;三是科学性原则,即要以科学理论为指导,使评价体系和评价方法符合德育规律和青少年成长规律。

德育实效的复杂性在于其影响因素很多,因此实效性问题一直是德育的难题。当今德育存在的主要问题表现在目标、内容、方法等方面的不切实际。近年来,我国已有一些针对德育实效性的研究,但是大多的研究只是针对其中的一点展开,系统的研究并不多见。德育实效是一个系统的工程,要提高德育实效首先要更新德育观念,弄清楚德育最根本的目标所在,并且选择适当的内容、方法和模式。而德育过程的特殊性要求我们要通过多种途径来实现德育目的,在这一过程中教育者本身的素质也是德育实施过程中的一个非常重要的问题,需要进行深入研究。

第五章

教育人力资源管理理论与实践研究

　　20世纪出现的科学管理运动、人际关系运动和行为科学运动等，催生了人力资源管理。这对教育人力资源管理的产生与发展也起到了强烈的冲击作用。21世纪，人力资源已经成为比物质资源、土地资源、金融资源等更为重要的特殊资源。对于组织来说，人力资源是获得竞争优势的核心要素。教育管理既是对人的管理，又是通过人进行的管理。教育系统主要是由人—人组成的系统，只有参与其中的人有很好的成长与发展，始终保持旺盛的士气及高昂的情绪，教育系统才会有好的绩效，才能向社会输入合格的、高质量的人才。所以，教育领域的人力资源管理更具有其特殊的意义。人力资源管理有丰富的管理理论，也有丰富的实践探索。

第一节　教育人力资源管理概述

　　人力资源管理这个以对人力进行有效开发、合理利用、助推发展的学科，自出现后发展非常迅猛，使其有了自己的概念体系、管理机制体系等，人力资源管理的最高境界是文化管理。这一节主要对人力资源管理的概念、机制和文化管理进行阐述。

一、人力资源管理的概念

　　对人力资源管理概念的理解，是建立在对人力资源及与之相关的人口资源、劳动力资源等概念理解基础上的,故在阐述人力资源等相关概念基础上揭示了人力资源管理的内涵。

(一)人力资源的内涵

彼得·F.德鲁克(Peter F. Drucker)在其管理理论中引入了人力资源(Human Resource)这一概念。他认为,和其他所有资源相比,人力资源唯一的区别就是它是人,并且是具有"特殊性"的资源。"人力资源有一种其他资源所没有的特性——具有协调、整合、判断和想象的能力。"

人力资源是指一定范围内的人所具备的劳动能力的总和,也称"人类资源"或"劳动力资源""劳动资源"。

人力资源是在一定区域范围内,可以被管理者运用以产生经济效益和实现管理目标的体力、智能与心力等人力因素的总和及其形成的基础,包括知识、技能、能力与品性素质等。

人力资源是指一个国家或地区之中,处于劳动年龄、未到劳动年龄和超过劳动年龄而且有劳动能力的人口之和,或者表述为:一个国家或地区的总人口减去完全丧失劳动能力的人口之后的人口。

总之,人力资源是指具有劳动能力的人的总和。

人口资源是指一个国家或地区的人口总体,即全部的自然人。劳动力资源是指一个国家或地区有劳动能力并在"劳动年龄"范围之内的人口的总和。人才资源是指人力资源中素质层次较高的那一部分。人力资源的外延小于人口资源,大于劳动力资源和人才资源。

人力资源主要强调人具有劳动能力。因此,它超过了劳动力的范围,即只要具有劳动的能力,即使是潜在的,如未进入法定劳动年龄或超出法定劳动年龄的人们,都属于人力资源。如果考虑潜在的或未来的人力资源,这个范围还要扩大。因此可以说,从全部人口中剔除已经丧失劳动能力的人口,都属于人力资源的范畴。

在人们的生活中,有很多资源在起作用,例如,物力资源、财力资源、信息资源、时间资源、技术资源等,在所有资源中人力资源是第一资源。人力资源是与其他资源相区别的一种"活"的资源，它以自然人为载体，是具有能动性和创造性的人力的总和。"作为一种资源，人力能为企业所'使用'，然而作为'人'，唯有这个人本身才能充分自我利用，发挥所长。这是人力资源和其他资源最大的区别。人具有独一无二的特质。和其他资源不同的是，人对自己要不要工作，握有绝对的自主权。"

(二)人力资源管理的内涵

一些学者揭示了什么是人力资源管理（Human Resource Management）。"人力资源管理是一个获取、培训、评价员工和向员工支付报酬的过程，同时也是一个关注劳资关系、健康和安全及公平等方面问题的过程。""人力资源管理是指影响雇员的行为、态度及绩效的各种政策、管理实践及制度。""人力资源管理指的是机构所采取的、能够影响单位内部所有员工行为的所有活动。""人力资源管理是为了确保大多数人高效地发挥才能，从而实现公司目标而设计的一套正式管理系统。""人力资源管理就是利用所有的个人去实现组织的目标。"人力资源管理是"为了建立一种有效的人力资源体制，营造一种利于实现教育目标的氛围，在组织中进行的人力资源的规划和实施过程"。

由此看到，教育人力资源管理是为了实现教育目标，而对人力这一特殊的资源进行有效开发、合理利用和科学管理的过程。教育人力资源管理运用现代科学方法，根据教育人才成长的规律及国家和地区教育发展的具体目标，通过对各类教育人员进行合理规划、招聘任用、教育培训、考核评价、激励奖惩、薪酬福利、生涯管理、职级晋升、潜能开发等形式，对教育人力资源进行有效调配和运用，最大限度地调动积极性，充分发挥主观能动性，使人尽其才、才尽其用，最终顺利实现教育发展的目标。

人力资源管理强调了促进教育目标的实现和满足教师的需要，为此要进行如下工作：组织与转换，将教师潜在劳动能力组织、转换成可使用的现实劳动能力;发掘与利用,充分发掘与合理利用教师中蕴藏的已有劳动能力;培养与发展,不断培养与发展教师的各种劳动能力。

在影响教育发展的诸多因素中,教育人力资源是其中最重要、关键的因素。德鲁克认为:"人力资源是所有资源中最有生产力、最多才多艺,也是最丰富的资源。"人力资源的这一特点表明,"提升经济绩效的最大契机完全在于企业能否提升员工的工作效能"。工作效能的提升是人力资源的最大限度发挥,这取决于对其管理是否合理、有效。加强对教育人力资源的开发和管理,对于国家和地方全面深化教育体制改革、增强各教育主体的办学活力和深入开展素质教育等,都具有非常重要的意义。

人力资源管理的价值还体现在:人力有效性使用的前提是成熟的、有序的,而现实中人力的初始状态是不成熟的、无序的。具体表现:没有相应技能,或有相应技能不知如何运用,需要培养、转换和利用;已经有效的人力,在新的环境下,也可能又再现他的幼稚状态,还需要再培训和转换;适合某个部门需要的人力不是自动展示,他们常常呈现蛰伏状态,需要挖掘。个体或其他组织状态下的人力,不一定适应现有的组织状态,所以要经过重组、整合过程,需要组织与转换。个体适应社会变化的未来劳动技能常常难以预测,需要相应的发展。

二、人力资源管理机制

人力资源管理机制是指为了实现组织目标而设定的一系列规则、采用的一系列措施,以及这些规则、措施发挥作用、产生效果的方式和相互结合、相互作用的方式等。人力资源管理机制在本质上就是要揭示管理系统的机制,管理通过什么样的机制来让各部门整合起来的人力资源,在预订的轨道上前进,避免偏离轨道行为,发挥积极主观能动性,从而达到预设目的,产生预期效果的。根据学者对人力资源管理机制的研究以及实践管理的研究,传导机制、推动机制、约束机制和淘汰机制是教育人力资源管理的重要机制。

（一）传导机制

传导机制是指组织为了达成目标向成员宣传愿景、安排任务、传递规则等各种制度安排的总和。

教师是带着个人目标来到学校的，个人目标与组织目标可能一致，也可能不一致。组织既要实现组织目标，又要满足教师个人需要，为此就要设法让教师认同组织目标，在实现组织目标的过程中满足其个体的需要。"认同的过程就是个人用组织的目标代替个人目标，作为制定组织决策时所采用的价值指数的过程。"

为了让教师认同，就必须有传导机制。通过这一机制向教师传递学校的价值观与办学理念，向教师明确提出对他们的期望和要求，使他们的个体目标与教育目标一致，把他们的个体行为纳入组织行为中。传导机制的关键在于向教师清晰地表达学校对他们行为要求和绩效期望。这是一种正向的机制，主要通过学校职位与教师职责说明书、学校关键绩效指标体系（Key Performance Indicator，KPI）、学校组织文化与价值观体系等管理模块实现，还可以运用各种会议进行宣讲，领导者与教师的交流也是传导机制的运用。

人性假设的 Y 理论认为，人生性愿意努力工作，也愿意把行动指向组织目标的实现。管理就是要根据组织环境运用相关的工作方法，以便能够通过人们的努力最好地实现个人目标和组织目标。该理论表明，传导机制发挥有效就能够使教师在明细道理的基础上，正确地选择与组织目标一致的行为。

（二）推动机制

推动机制是指为实现组织目标而设计的满足成员需求的各种制度安排的总和。传导机制让教师认同了学校目标，但是要让教师积极努力地工作，产生持续的积极性，还需要推动机制。

推动机制的本质是让教师有积极努力工作的意愿，让他们愿意为学校超越自己,愿意将自己的更多贡献纳入学校目标中。这种意愿是以满足他们个人需要为条件的,是以能够带给他们正向强化的内容为基础的。社会交换理论认为,人类的一切行为都受到某种能够带来奖励和报酬的交换活动的支配。个体在他们的社会交往中选择最好的方案,即追求社会报酬这一方案。因此,推动机制的核心在于对教师内在需求的把握。不仅要把握教师的物质需要,还要把握他们的精神需要,尤其是自我实现的需要。人的自我实现的需求表明,人希望成为的那个人,成为他所能够成为的一切。教师属于自我实现需要强烈的人群,他们想成为学生喜欢的教师,想成为优秀教师。为了自我实现,人们会追求内在的目标和价值,而不只是外在的财富、名望、形象和权力。所以,如果推动机制发挥到位,教师会释放他们的积极性,会努力工作。

推动机制是一种正向机制,核心在于对教师内在需求的把握与满足。主要依靠教育使命与宗旨的吸引、薪酬福利政策、晋级与提职制度、职业生涯管理、培训开发体系、分权与授权系统等模块来实现。

(三)约束机制

约束机制是指为了使成员的行为始终沿着组织目标的轨道运行,而采取的各种控制性制度安排的总和。

人性假设的 X 理论表明,人生性懒惰,不喜欢工作,只要可能,他们就会逃避工作;人生性就以自我为中心,漠视组织需要。这表明成员可能存在诸如漠视组织道德观、价值观的想法,违规组织规定、不履行工作职责的行为,具有偏离组织目标的可能性。教师虽然是具有知识、技术素养的职业人,但是仍然具有 X 理论阐述的特征,所以需要进行约束。

人力资源管理的职能之一就是指挥、控制人们的活动,使之符合组织需要。要随时告诉他们干什么,随时矫正他们偏离组织的行为。约束机制可以通过教师基本行为规范体系、以职业责任为核心的评价体系、以具有惩罚性的考核体系等硬约束模块,以及以心理契约为主的组织认同和组织文化潜移默化的影响等软约束模块来实现。

约束机制本质是通过制度规约对教师的行为进行限定,这种规约的重要体现是违规要有惩罚。例如,低于学校工作量标准之下,要减少工资收入;违反教育教学规定不仅会受到制度的惩罚,还会受到领导、同行、学生的谴责等。道格拉斯·C.诺思(Douglass C. North)认为制度运行的关键在于犯规要有成本,对违规的要有处罚。处罚会让教师有损失,包括经济性和社会性的损失。教师具有经济人特征和社会人特征。经济人特征表明,人会受到经济利益的驱动;人受到经济刺激时会做出任何能够提供最大经济利益的事情。人会为了经济利益去约束自己的行为。社会人的特征表明,人不仅受物质利益的刺激,还受到来自社会方方面面的因素影响,例如,友谊、尊重、信任、归属、荣誉等。他们深切地关注自己与其他人之间的关系及其身份,即其他人对他们形成的社会概念。惩罚让违规者"付出代价",明示其后续不再违规。所以,约束性机制是必需的、有效的、可行的,可以达到使教师行为符合学校发展的要求、符合教育教学的要求的目的。

(四)淘汰机制

淘汰机制是指组织为了保证最基本的人力资源需要,将不适合组织发展的成员释放于组织之外的各种制度安排的总和。

复杂人假设认为,人的需要随着人的发展和生活的改变而变化。人的需要和动机因其对个体的重要程度而形成不同的层次,这些不同层次的需要也会因人、因时、因情况而异。复杂人观点表明,当人们需要进入教师职业领域时,他们会积极努力进取,但是当他们进入这个岗位后,他们的需求可能会发生变化。此时,人天生的一些懒惰特性就会释放出来,这些特性使得他们安于现状,重复以往的做法,不愿再学习、不愿意再进取、不愿意再改变自己,使学习力、成长力都减弱。社会的加速度发展对教师的要求是持续学习、不断成长,这与他们的现状形成了很大反差,导致一些教师不再胜任教育教学工作。

如果这部分教师不改变自己,又不能释放于学校之外,不仅会降低学校效能,还会降低这些教师作为社会成员的生活品质。

通过淘汰机制让不合格的教师离开学校,同时将外部环境的压力传递到学校之中,从而实现对组织人力资源的激活,防止人力资本的沉淀或者缩水,也为这些教师后续生活品质的改善提供了机会。淘汰机制实际也是一个优化制度,通过这个制度,还可以推动低水平教师进入人生发展的挑战区,激励教师培育自己的高品质素养,实现教师队伍资源的优化配置。淘汰机制可以有效地改变教师的态度、能力与行为,可以求得教师资源与任职岗位匹配,还可以使绩效与待遇、薪酬、奖励等匹配。不仅如此,还能够形成个人发展与组织发展同步的状态,这是教师职业生涯与学校业绩共同获益的最大化发展模式。

三、人力资源的文化管理

随着社会的发展,尤其是管理实践与管理理论的发展,把人视为一种"文化人"。"文化人"假设的出现及人文精神的强烈需求,使管理中文化的因素越来越重要,于是,文化管理便应运而生了。文化管理出现后,受到了人们的极大关注,文化管理也被认为是人力资源管理的最高境界。教育工作者具有"文化人"的特点,学校又是人文精神培育的地方,所以文化管理在教育人力资源管理中具有举足轻重的地位。

(一)文化管理概念的界定

文化管理最早出现在企业组织中,关于文化管理的讨论更多也在企业管理研究范围内进行。研究文化管理的文献多以企业文化(Corporate Culture)或组织文化(Organizational Culture)为题。实际上,文化管理不仅仅是一种管理方式,更是一种管理思想、管理理念和管理思潮。

首先,文化管理是一种管理思想。文化管理强调形成、传递、内化组织价值观,是以组织价值观为核心的管理思想;文化管理也不仅仅是对文化事业及文化工作的管理,而是站在文化的高度,运用文化的力量引导组织成员实现组织目标、努力工作的一种管理思想;文化管理不同于以物为中心的管理,而是强调以人为中心,强调人在管理过程中的主体地位,强调以人的全面发展为管理目标。

其次,文化管理是一种管理方式。用文化这个"工具"对管理的各个方面进行重新塑造,把组织文化建设作为管理工作的中心,以打造出适应新的社会经济环境的管理模式。文化管理是一种以文化贯通组织管理的全过程,对组织的计划、组织、领导、控制等方面都渗入文化因素管理方式。它强调在组织系统内部营造一种健康和谐的文化氛围,使全体成员的身心能够融入系统中,变被动管理为自我约束,在实现社会价值最大化的同时,实现个人价值的最大化。

从以上论述来看,文化管理是与经验管理、科学管理同一范畴的管理模式,是现代管理理论发展的新阶段;文化管理就是把管理中的软要素作为管理中心环节的一种管理模式,它强调用文化的力量创造和影响管理,希望用一种无形的文化力形成一种行为准则、价值观念和道德规范,凝聚成员的归属感,促进提高成员的积极性和创造性。可以说,文化管理就是"人化管理",是以人为出发点,并以人的价值实现为最终管理目的,是尊重人性的管理。它与以往的经验管理、科学管理有显著的不同。

总之,文化管理是以文化作为组织管理的主线,以文化贯通组织管理的全过程,对组织的计划、组织、领导、控制等方面都渗入文化的因素,把组织文化建设作为管理工作中心的一种管理方式。

(二)文化管理的特征

文化管理的特征包括:以人为本是组织的管理基础,共同的价值观是组织的管理核心,文化构建是组织的主要管理手段,自我控制是组织的主要控制方式。

1. 以人为本是组织的管理基础

以人为本的管理，是文化管理的基础，是文化管理的本质特征。文化管理是以人为出发点的管理，是以激发人的主动性为目的的管理。这是文化管理区别于其他管理的最根本、最基础的特点。

以人为本的理念赋予现代管理以崭新的时代内容。管理既是对组织成员行为的规范，更是对组织成员的尊重、培养和激励。以人为本就是全方位的尊重人、发展人、锻炼人、提高人。文化管理是真正实现组织"追求个人与组织共同发展"目标的最佳选择。文化管理在对人的认识上有如下特点：

第一，文化管理是对人的一种尊重。尊重人就是要把员工作为组织最重要的、必须尊重的资源来看待。尊重人除了尊重组织成员的人格，还应该尊重人的能力、人的成绩、人的劳动、人的知识、人的个性、人的兴趣爱好、人的社会地位及人的物质追求和精神追求等。

第二，文化管理是对人的一种激励。文化管理的关键是要激励员工，使员工能够在工作中充分地调动和发挥他们的工作积极性、主动性和创造性。文化管理要使员工在情感上、心理上、智能上及行为上受到激励。要建立人才平等竞争的机制，激发成员自身的才智，创造有利于人才脱颖而出的环境。

第三，文化管理是对人的一种发展。文化管理十分注重人的素质培养和发展。"发展人"不仅是指物质上的发展，更主要的是精神上的发展，能力、水平、个人素质的提高。文化管理要根据员工的能力、特长、兴趣、心理状况等综合情况来科学地安排工作，把员工放在最合适的位置上，使工作内容与自身条件相匹配。这样才能充分考虑员工的成长和价值。

2. 共同的价值观是组织的管理核心

文化管理在本质上是从精神层面进行管理的，这种管理是通过组织的价值观对成员的思想意识和行为进行潜移默化的影响，使成员形成与组织一致的价值观,从而使成员自觉努力实现组织目标的一种管理。所以,文化管理最核心的内容是组织价值观。

组织价值观是围绕组织目标概括和提炼出来的一种规范化、信念化的群体主导意识,是整个组织独有的文化心态和氛围的反映。价值观制约和支配着一个组织的宗旨、信念、行为规范和追求目的。从这个意义上来说,形成组织价值观是文化管理的重点。组织价值观的形成不仅需要很长的时间,而且需要给予不断地强化,有时甚至需要通过舆论进行灌输。

文化管理区别于其他诸如科学管理的关键正在于,文化管理不是直接通过制度来规范、约束人的行为,而是通过对组织价值观念、组织精神、伦理道德等的塑造,通过组织文化的形成,以此对组织成员的思想观念产生影响,从而进行管理的一种模式。

总之,文化管理是以组织既定的价值观为核心,以组织文化的塑造为龙头,贯穿于组织宗旨、战略目标、组织规章、道德规范、行为准则、精神风貌、审美教育等方方面面。

3. 文化构建是组织的主要管理手段

塑造组织文化是文化管理的主要手段。哈罗德·孔茨(Harold Koontz)和海因茨·韦里克(Heinz Weihrich)认为文化与组织联系在一起的时候,系指成员所共有的一般行为方式、共同的信仰及价值观。特伦斯·E.迪尔(Terrence. E. Deal)和艾伦·A.肯尼迪(Allan A. Kennedy)认为文化是一种集意义、信仰、价值观、核心价值观于一体的存在。他们将组织文化视为一个组织所信奉的主要价值观。组织文化由共享的信仰、种种期望、价值观及组织成员行为的规范组成。

组织文化由物质文化和精神文化组成:物质文化的主体是"物",包括厂房、设备、财产、产品及与之有关的标志性组织形象因素;精神文化的主体是"人",包括组织的价值观、信念、精神、传统、风气、规章、制度、行为规范等,其核心是价值观。物质文化与精神文化二者相互联系、相互作用、相互制约,共同构成组织文化模式。

组织文化能够将组织的"硬管理"和"软管理"结合起来,以软管理为主,使各种精神要素同物质要素有机地联结起来,建立起组织成员内部合作、友爱、奋进的文化心理环境。文化管理就是通过组织文化的建立,通过文化力量的引导,在组织内形成一个良好的"小环境"。通过这种"小环境",使组织成员对这种文化氛围产生心理认同,并逐渐地内化为成员的自觉行动,使群体产生更大的协同合力。

4. 自我控制是组织的主要控制方式

控制是管理的职能之一,它是使事情按照计划进行的活动,也可以说是纠正偏差、纠正航向的活动。控制就是按照一定标准对组织成员的行为及成果进行监督、检查和衡量,从中发现偏离目标的差距,并采取矫正措施,以保证组织目标实现的过程。

古典管理理论认为控制主要是由行为主体之外的专门组织来主持实施的,管理者和被管理者之间是控制与被控制、监督与被监督的关系。

文化管理则认为可以通过组织的共同信念和最高目标来影响和引导成员进行自我控制。自我控制,即组织成员自己通过与组织目标之间的对比,自己发现问题、自己解决问题的一种控制方式。自我控制是通过行为主体的自觉性来实现的,即承担具体任务的部门或个人具有很强的工作责任心和自我约束力,通过"自检"的方式,保证自己的行为符合组织总目标的要求。

通过自我控制使管理者与被管理者之间由控制与被控制、监督与被监督的关系,转变为在共同信念下平等协商、共谋组织发展的平等式关系。通过自我控制使管理者与被管理者双方形成一种相互沟通、理解、信任的文化氛围。自我控制是一种重视成员个性的自主意识的管理方式,是一种有效地体现组织人力资源管理"人文"性的管理环节和手段,可以满足成员的自尊心和自我个性意识。通过自我控制使成员完成"自我管理""自我完善""自我实现",把个人意志与组织的意志统一起来,从而真正地调动每个人的积极性,赢得组织成员的献身精神,这也是文化管理的成功体现。

第二节　教育人力资源管理理论研究

人力资源管理理论很丰富,诸如职业生涯理论、发展资本理论、人性假设理论、行为激励理论、薪酬理论、绩效理论、培训理论、劳动关系理论等。鉴于教育组织的特点,这里主要阐述前四类理论。

一、职业生涯理论

对职业生涯理论做出贡献的学者有很多,例如,约翰·霍兰德(John Holland)的职业性向理论,维克托·H. 弗鲁姆(Victor H. Vroom)的择业动机理论,唐纳德·E. 萨帕(Donald E. Super)等学者的职业生涯发展理论,以及职业锚理论等。这里主要阐述如下理论。

(一)职业生涯系留点理论

职业生涯系留点是人们在选择职业时所认定的东西,是某种因素把人"系"在了一个职业上,也称职业锚(Career Anchors),或者职业定位点。

当代著名的职业生涯和组织文化等领域研究的权威专家、美国麻省理工学院斯隆学院埃德加·H. 沙因(Edgar H. Schein)教授通过对斯隆学院 44 名硕士研究生的职业选择进行 12 年的研究,于 1978 年出版了《职业动力论》(Career Dynamics,中译本翻译成《职业的有效管理》),在这本书中,提出了职业锚理论。

该理论认为,人们在不断的工作中逐渐获得了自知之明,发展成一种更加清晰的职业自我观,它包括:①自省的才干和能力(以各种作业环境中的实际成功为基础);②自省的动机和需要(以实际情境中的自我测试和自我诊断的机会及他人的反馈为基础）；③自省的态度和价值观（以自我与雇佣组织、工作环境的准则和价值观之间的实际遭遇为基础）。这三个部分的自我观合成了个人的"职业锚"。

这个定义表明，职业锚是人与工作相互作用的产物，是自我观念中的能力、动机和价值观相互作用的结果。职业生涯规划实际上是一个持续不断的探索过程，通过不断探索，每个人可以发现自己的天资、需要和对职业的态度，最后形成关于职业定位较为清楚、明晰、占主导地位的自我概念，于是职业锚形成了。

沙因教授将人们的职业锚分为五类，具体如下：

1. 技术职能型

属于技术职能型的人热爱自己的专业技术或职能工作，注重个人技术能力的发展，一般多从事工程技术、财务分析、营销、系统分析、公司计划，或其他与商业等有关的工作。

2. 管理能力型

属于管理能力型的人将管理本身作为最终目标。技术工作或职能工作仅被他们看作是通向更高、更全面管理层道路上的必经阶段。他们相信自己具有升到组织最高层次管理位置上的能力。

3. 安全与稳定型

属于安全与稳定型的人倾向按领导的要求行事，以维持安全、稳定的工作，保证有一笔体面的收入和一种有效的退休方案。容易接受组织对其工作的安排，相信组织会根据他们的情况秉公办事。

4. 创造型

属于创造型的人需要创建某种完全属于自己的杰作，希望创造出以自己姓氏命名的成果，渴望拥有自己的公司以便能施展自己的才干，进行自我创造。

5.独立自主型

属于独立自主型的人认为组织生活限制人,是非理性的,甚至侵犯个人私生活的。他们希望最大限度地摆脱组织约束,追求能施展个人职业能力的工作环境,愿意寻找具有独立性和自主性的职业。

还有学者提出了一些其他的职业锚,例如:服务导向型(Service Dedication to a Cause),这一类人趋向于帮助他人,关注人们的健康安全,乐于帮助人们消除疾病、痛苦和灾难;挑战导向型(Pure Challenge),这一类人勇于挑战,喜欢竞争,善于解决看上去无法解决的问题、克服难于逾越的障碍等,寻找新奇、变化和困难是他们职业生涯的终极目标;生活导向型(Lifestyle),这一类人往往将生活放在中心位置去考虑自己的职业方向,喜欢那些可以兼顾家庭需要的职工或工作环境。实际上这些类型都可以归入沙因五种职业锚中的一种。

职业锚理论对人们的发展和幸福感的提升有重要意义。职业锚作为一种区分职业类型的方法,"可以照亮一个人的整个一系列态度和社会化过程中预期会发生的变化"。

(二)职业生涯发展阶段理论

职业生涯发展是"一个正在进行的过程,在这个过程中,个人沿着一系列阶段前进,每个阶段都有一套相对独特的问题、主题、生命"。"如果能够正确理解人们在不同职业阶段的任务和发展的含义,就有助于人们更有效地管理自己的职业生涯,有助于组织更好地管理、发展其人力资源。"为此,这里我们介绍一些学者的职业生涯发展理论。

1.格林豪斯等学者的职业生涯发展阶段

杰费里·H.格林豪斯(Jeffrey H. Greenhaus)等认为职业生涯发展要经历四个阶段,具体见表5-1。

表 5-1　职业生涯发展的四个阶段

阶段	典型年龄段	主要使命
选择职业和工作	大多数人是 18～25 岁,少数人不定	建立职业方面的自我形象,对可选择的职业进行评价,初选职业,继续接受必要的教育,获得所向往的组织工作
职业生涯早期	25～40 岁	学会工作,学习组织规范和标准,适应所选职业和组织,提高能力,实现职业生涯目标
职业生涯中期	40～55 岁	再次评价早期职业和青年时的使命,再次肯定或修正职业生涯目标,为中年时期做出适当的选择,保持工作能力
职业生涯晚期	55 岁至退休	保持工作能力,保持自尊,为实际退休做准备

2.拉尔夫等学者的教师职业生涯发展阶段

拉尔夫·费斯勒(Ralph Fassler)等通过研究提出了教师职业生涯发展的八个阶段,具体如下:

(1)职前期

职前期通常是指学院或大学里的初始培训阶段,也包括教师为扮演新角色或承担新任务而接受的再培训。

(2)职初期

职初期是教师在学校的社会化期,这时的教师尽力争取师生和视导人员的认可,试图在处理日常问题和事务上达到一个舒适和安全的水平。

（3）能力构建期

能力构建期的教师容易接受新观念，并积极参与各种工作坊和学术研讨会，努力提高教学技能和才智，同时找到了新的教学策略。

（4）热情与成长期

在热情与成长期，教师的工作能力已经达到了较高水平，但专业能力还在继续进步，他们热爱工作，希望和学生交流并不断寻求新方法来丰富教学。

（5）职业挫折期

职业挫折期的教师开始对自己为什么从事这份工作提出疑问，"倦怠"就出现在这个时期。

（6）职业稳定期

职业稳定期的教师进入了职业生涯的高原期，有的人开始停止不前，只是履行聘用合同的条款，不再愿意追求完美与成长。

（7）职业消退期

在职业消退期，有些教师期待改换职业或退休，有些因不喜欢而被迫终止工作，有些迫不及待地离开了工作。

（8）职业离岗期

职业离岗期是教师离开教学工作后的一段时间。

3. 饶见维的教师职业生涯发展阶段

饶见维提出了三阶段六时期的教师职业生涯发展的观点，具体见表5-2。

表 5-2　理想的教师专业发展进程

阶段	时期	生涯年期	主要发展特性与目标
职前师资培育阶段	探索期	大一以前	探索教师的工作特性，并试探是否符合自己的性格
	奠基期	大二至大四	奠立成为教师所需要的基本专业知能与基本学科知能

续表

阶段	时期	生涯年期	主要发展特性与目标
初任教师 导入阶段	适应期	任教第一年	求适应、求生存
	发奋期	任教二至四年	发奋图强、大量学习,以便尽快成为一个胜任教师
胜任教师 精进阶段	创新期	任教五至九年	不断自我创新、自我检讨
	统整期	任教十年以上	统整与建构,逐渐迈向专业圆熟的境界

二、发展资本理论

资本最初是一个经济学概念,是用来生产或经营以求回报的生产资料和货币等。伴随着时代的发展,资本从内涵和形式上都被赋予了更加丰富的内容,它不仅包括生产资料和货币等有形资本,还包括人力资本、社会资本、心理资本等无形资本;资本的概念也从经济学扩展到了社会学、管理学等领域。生产需要资本,人的发展也需要资本,诸如物质资本、经济资本、人力资本、社会资本、心理资本等都是人们发展离不开的资源,尤其是后三种资本已经成为人达到可能自我的重要因素。"我们相信,在今天的工作场所里,人力资本、社会资本与心理资本的协同集约是实现人的潜能的关键所在。"鉴于人力资本、社会资本、心理资本的发展势态和教育管理的特点,下面重点阐述这三种资本。

(一)人力资本

人力资本(Human Capital)是存在于人体中的资本形式,是形成人的脑力和体力的物质资本在人身上的价值凝结,是蕴含人身上的各种知识、技能、经验、资历、思维方式、健康等素质的存量总和。

人力资本理论的渊源可以追溯到古典经济学理论的创始者亚当·斯密(Adam Smith)和发展者阿尔弗雷德·马歇尔(Alfred Marshall)等,他们都认为对人的投资是各种资本投资中最有价值的。

然而,他们受到其时代的局限,都没有对这个观点加以深入探讨和展开论证。20 世纪 60 年代,美国经济学家西奥多·W. 舒尔茨(Theodore W. Schultz)和加里·S. 贝克尔(Gary S. Becker)等学者创立了比较完整的人力资本理论。

1. 人力资本理论的核心观点

(1)经济发展取决于对物质资本和人力资本的投资

在经济增长中,人力资本的作用大于物质资本的作用。人们后天获得的能力——他们的教育、经验、技能,以及健康水平——是取得经济进步的根本原因,所以对人力资本的投资收益率高于物质资本的投资收益率。

(2)人力资本是通过人力投资而获得的

人力资本是通过人力投资而获得的,因此人力资本可以解释为对人力投资而形成的资本,包括学校教育、在职培训、劳动力迁徙、医疗保健等的各项支出。"所有这些投资都提高了技术、知识或健康水平,从而都增加了货币或心理收入。""受过较多教育的孩子们在进入成年时期以后,会获得教育所带来的收益。"

(3)人力资本的核心是提高人口质量,教育是提高人口质量的重要措施

"人口质量的提高在很大程度上是由于接受了更多的教育。""教育与某些能力衡量标准之间存在着同方向变动的关系。"

(4)教育投资是人力投资的主要部分

教育投资是人力投资的主要部分,对人力资源进行开发性投资所形成的可以带来财富增值的资本形式就是人力资本。教育投资的重要性,"教育本来是一种投资,所以把所有教育支出当作通常意义上的消费,是一个严重的错误。这个错误源于教育仅是一种消费的假说。它使人们错误地认为,有关教育的公共开支是'福利'开支,资源的使用有减少'储蓄'的效果。"

后来一些学者将人力资本理论研究拓展到管理学领域,人力资本也成为人力资源管理的重要概念。

2. 人力资本的影响效应

人力资本作为存在于人身上的能力与素质,是人们在发展过程中需要获得的重要资本。随着社会的发展,这种资本在人们成长过程中起着越来越重要的作用。

一些学者的研究表明,人力资本对人的成长具有重要作用。周文霞等学者的元分析研究表明:人力资本能在更大程度上预测晋升和薪酬。人力资本不仅通过组织赞助间接影响主客观职业的成功,还可以直接对主客观职业的成功产生影响。北京师范大学"人力资本、社会资本与大学生就业"课题组对全国13个省、自治区、直辖市的42所高校的经济类、管理类专业的大学毕业生进行了问卷调查研究,研究结论表明"在中国当前的大学生就业中,人力资本和社会资本因素同时发挥着重要的作用。具体来看,对于获得较高工资而言,大学生的人力资本发挥着主要作用;但在获取就业机会方面,人力资本和社会资本均具有重要影响,而且社会资本中强关系的作用更为明显"。

3. 人力资源和人力资本

人力资源和人力资本两者研究问题的角度和关注的重点不同。

人力资本是通过投资形成的、存在于人体中的资本形式,是形成人的脑力和体力的物质资本在人身上的价值凝结,是体现在对人进行教育、培训等支出及其在接受教育时的机会成本总和。通过教育与培训,劳动者的工作技能提高、熟练程度提升,由此带来了生产率的上升。人力资本是从成本收益的角度来研究人在经济增长中的作用的,它强调投资付出的代价及其收回,考虑投资成本带来多少价值,研究的是价值增值的速度和幅度,关注的重点是收益问题,即投资能否带来收益及带来多少收益的问题。

人力资源则将人作为财富的来源来看待,是从投入产出的角度来研究人对经济发展的作用,关注的重点是产出问题,即人力资源对经济发展的贡献有多大,对经济发展的推动力有多强。人力资源,除了人力资本涉及的内容,还要分析人力资源的形成、开发、使用、配置、管理等多种规律和形式。

从人力资本到人力资源是一个智力加工的过程,是人力资本内涵的继承、延伸和深化。人力资源把人力资本研究、分析问题的视角和内涵推向纵深。现代人力资源管理是以人力资本理论为根据的;人力资本理论是人力资源管理理论的重要内容和基础。两者都是研究人作为生产要素在经济增长和社会发展中的重要作用的。

(二)社会资本

1. 什么是社会资本

20 世纪 60 年代,人力资本理论的提出与发展使资本与人结合了起来,扩展了资本的概念。后来人们发现人力资本价值的实现受到很多因素的制约,尤其是受到社会因素的影响,于是在 20 世纪 70 年代提出了社会资本(Social Capital)的概念。20 世纪 80 年代以后,皮埃尔·布迪厄(Pierre Bourdieu)、詹姆斯·S. 科尔曼(James S. Coleman)和罗伯特·D. 普特南(Robert D. Putnam)等学者对社会资本进行了界定与阐述。

布迪厄认为:"社会资本是实际的或潜在的资源的集合体,那些资源是同对某种持久性的网络的占有密不可分,这一网络是大家共同熟悉的、得到公认的,而且是一种体制化的网络,或换句话说,这一网络是同某个团体的会员制相联系的,它从集体性拥有的资本的角度为每个会员提供支持,提供为他们赢得声望的'凭证',而对于声望则可以有各种各样的理解。"

科尔曼认为:"社会资本的定义由其功能而来,它不是某种单独的实体,而是具有各种形式的不同实体。其共同特征有两个:它们由构成社会结构的各个要素组成;它们为结构内部的个人行动提供便利。"

普特南认为:"我们把社会网络和与之相关的互惠规范描绘为社会资本。"

总之,社会资本是一种能够为行动者带来效用的资源,是存在于行动者社会关系网络结构中的资源。

2. 社会资本的特点

社会资本与人力资本、经济资本、物质资本等一样具有一些相似的特点:例如,生产性,"和其他形式的资本一样,社会资本也是生产性的";再如,投入性与积累性,社会资本的获得需要投入与不断持续地积累,要对社交活动不间断的努力,要花费时间与精力,甚至要投入经济资本和运用相关能力等。

社会资本也有不同于其他资本的独特性:例如,具有再生性,社会资本不会由于使用而减少,相反会由于不使用而枯竭。社会资本由于不断地消费和使用,会增加其价值,具有可再生性。

3. 社会资本的影响效应

社会资本在人的发展中起着重要作用。学者们的研究表明社会资本对晋升和薪酬存在一定的解释力。社会资本不仅通过组织赞助间接影响主、客观职业的成功,还可以直接对主、客观职业的成功产生影响。社会资本和心理资本不仅能显著预测晋升和薪酬,还能更大程度地帮助员工获取主观职业的成功感。社会资本与心理资本对工作绩效的作用同样达到了显著效果。社会资本有益于教师工作业绩的提高,它是学校学术发展、教师个人职业发展的资源;社会资本对教师工作业绩的正面影响主要出自社会参与度与网络差异的贡献;大部分教师的工作业绩受人力资本的显著影响;中青年、职称为副教授的教师的社会资本与业绩相关性最大。

(三)心理资本

1.心理资本的内涵

心理资本(Psychological Capital)是个体在成长和发展过程中表现出来的一种积极的心理状态。

人力资本理论的出现,使得资本的概念由物质资本(Physical Capital)扩展到了人力资本。人力资本虽然包括人们的健康,但这主要指的是人们的身体健康,而没有将心理健康纳入人力资本的范畴。随着社会的发展,人们发现成员的心理健康对组织及个体的发展都很重要;许多研究也表明,员工积极的工作态度、良好的精神状态等心理素质是组织产生高绩效、获取竞争优势的重要源泉。而人力资源的健康方面应该从原来的身体健康扩展到心理健康。心理健康涉及的积极心理因素在内容上与传统的人力资本不同,可以单独称其为心理资本。于是在 21 世纪,人们开始了对心理资本的研究。

美国心理学会前任主席马丁·塞利格曼(Martin E. P. Seligman)在 20 世纪末起发起的积极心理学运动(Positive Psychology Movement)基础上,于 21 世纪初提出了心理资本的概念,之后很多学者开始了心理资本的研究,其中比较有代表性的是弗雷德·鲁森斯(Fred Luthans)。

鲁森斯不仅界定了什么是心理资本,而且阐明了与人力资本、社会资本的关系。他认为,人力资本关注"你知道什么",社会资本关注"你认识谁",心理资本关注的是"你是什么样的人""你在成为什么样的人"。心理资本是建立在人力资本和社会资本理论和研究基础上的,不仅如此,心理资本还超越了现有的人力资本和社会资本。心理资本可以包括诸如人力资本中的知识、技能、专长和经验,以及社会资本中的社会支持和关系网络等,因为这些也是"你是什么样的人"的一部分。但是真正能够超越他们的是其中的"你在成为什么样的人",这部分中的能力在人力资本和社会资本中基本上被忽视了。也就是说,心理资本还包括了从实现自我向可能自我的转变与发展。

鲁森斯等认为,心理资本具体表现为四个方面。①自我效能(信心):在面对充满挑战性的工作时,有信心并能付出必要的努力来获得成功;②乐观:对现在与未来的成功有积极的归因;③希望:对目标锲而不舍,为取得成功在必要时能调整实现目标的途径;④韧性:当身处逆境和被问题困扰时,能够持之以恒,迅速复原并超越,以取得成功。

2. 心理资本的效应

心理资本对人发展的影响是巨大的,是近几年来西方人力资源管理研究的热点问题。卡罗林·M.尤瑟夫(Carolyn M. Youssef)等学者的实证研究表明,心理资本与员工的工作绩效、工作满意度、工作幸福感和组织承诺等呈正相关关系。詹姆斯·B.埃维(James B. Avey)等学者研究发现心理资本与组织公民行为之间有积极的相关关系。柯江林、孙健敏等学者通过对重庆大学和中国人民大学MBA学员班及北京丰台科技园区两家企业的问卷调查研究发现,人力资本、社会资本和心理资本对任务绩效与周边绩效有显著影响,但是影响效果有差异,其中心理资本最强,社会资本次之,人力资本最弱。

3. 心理资本的可开发性

鲁森斯等认为心理资本是可以开发的,当然"在心理资本开发过程中需要消耗一些稀缺的资源(比如,时间、精力,甚至资金)。"但是"这些消耗从资产负债表的角度来看,应该是能够带来高收益的投资,而不是耗损。"

鲁森斯等认为可以通过心理资本干预(Psychological Capital Intervention,PCI)解决个体的心理资本存量与质量,以便达到开发心理资本的目的。为此,鲁森斯等研发了一个心理资本干预模型,见表5-3。

表 5-3　心理资本干预(PCI)模型

开发维度	最近的结果(心理资本)	最终的结果
目标和途经设计	希望	持续、真正的绩效影响
执行障碍计划	希望	
树立自我效能/信心	现实的乐观	
开发积极的期望	现实的乐观	
体验成功/模仿他人	自我效能/信心	
说服和觉醒	自我效能/信心	
构建资源/回避危害	韧性	
改变影响过程	韧性	

表 5-3 表明,通过左边一列的"开发维度"达到中间一列的"最近的结果",即"心理资本",不同的"开发维度"形成了不同的"心理资本";四个"心理资本"最终达到了"持续、真正的绩效影响"。

不仅如此,鲁森斯等还就开发"希望、乐观、信心和韧性"等提出了一整套极具操作性的促进措施,还对心理资本干预模型进行了验证,运用效用分析法把心理资本对一些组织可能产生的影响进行了研究,结果表明:"心理资本的投资回报应该比传统经济和财务资本的投资回报要高很多。"

三、人性假设理论

人性假设是对人的本质属性的基本看法。管理要根据人的本性、特点等,采取相应管理措施,只有明确人是什么人,才能选择适宜的管理模式和方法。每个管理决策或每项管理措施的背后,都必定有包含关于人性本质及人性行为的假定。所以,清楚人性假设是取得有效管理的前提,因此人性假设是管理研究的重要内容。

(一)麦格雷戈的人性假设理论

美国行为科学家道格拉斯 · M. 麦格雷戈(Douglas M. Mc Gregor)于 1957 年在美国《管理评论》(*The Marzagement Review*)

杂志上发表了《企业中人的方面》（*The Human Side of Enterprise*）。在这篇论文中，麦格雷戈在梳理了传统的管理方式后总结出了三点管理职能，他认为这种管理背后存在一种理念，这种理念便是 X 理论对人性的假设。麦格雷戈在质疑了 X 理论的同时，认为应该根据对人性的恰当认识来对人进行管理，于是提出了对人假设的 Y 理论观点。X 理论—Y 理论的核心要点如下：

X 理论的重要内容：

管理职能：①把钱、物资、设备、人员等生产性要素组织起来，其目的是获得经济利益；②指挥、控制人们的活动，使之符合组织需要，为此，要随时告诉他们干什么，随时矫正他们偏离组织的行为；③说服、奖励、惩罚、干预人们是必需的，否则他们就会对组织采取消极甚至对抗的态度。

X 理论的人性假设：①人生性懒惰，不喜欢工作，只要可能，他们就会逃避工作；②人生性就缺乏进取心，没有雄心壮志，不愿承担责任，宁愿被人领导；③人生性就以自我为中心，漠视组织需要；④人生性习惯守旧，不喜欢变革；⑤人生性容易受到吹牛者和煽动者的蒙蔽，因为他们不聪明。

Y 理论观点的人性假设：①人生性并非是消极被动的，也并非想抵制组织的要求，他们后天的这种表现是以往组织给予他们的经验；②人生性愿意努力工作，也愿意把行动指向组织目标的实现；③人生性有承担责任的能力，也有发展的潜力。

根据这种假设，管理者应该做如下工作：①把钱、物资、设备、人员等生产性要素组织起来；②使人们认识到自己与生俱来的特性，并完善这些特性；③根据组织环境运用相关的工作方法，以便能够通过人们的努力最好地实现个人目标和组织目标。

麦格雷戈不赞成 X 理论假设，他认为"这种行为不是人的本性的后果，而是工业组织的性质、管理哲学、政策和措施的后果。传统的 X 理论的做法是以错误的因果概念为依据的。"所以，管理者应该摒弃诸如 X 理论那样具有很大局限性的假设,否则就会低估组织人力资源的潜力。组织应该发明一些更有效的管理方式。

(二)沙因的人性假设

美国心理学家和管理学家埃德加·H.沙因(Edgar H. Schein)在1965 年出版的《组织心理学》(*Organizational Psychology*)一书中回顾了历史上出现的三种主要的、有竞争性的人性假设:理性—经济人假设(Rational-Economic Assumption)、社会人假设(Social Assumption)和自我实现人假设(Self-Actualization Assumption)。在此基础上他提出了复杂人假设(Complex Assumption)。四种人性假设的主要观点如下所述:

1.理性—经济人假设

理性—经济人又称"经济人""实利人""唯利人"。这种假设盛行于 20 世纪初期前后,早期的管理理论建立在理性—经济人假设的基础之上。以弗雷德里克·W.泰罗(Frederick W. Taylor)的科学管理理论为代表的一些古典管理理论就是这种人性假设的反映。他们把员工作为生产过程中的一种不可缺少的要素,致力于创制一定的标准,以此来让工人创造更多的价值。

这种假设的主要观点:①人受到经济刺激会做出任何能够提供最大的经济利益的事情;②从本质上来说,人是被组织操纵、驱动和控制的,因为经济刺激是由组织控制的;③感情是非理性的,必须阻止它干扰对个体自身利益的获取;④为了控制不可预测的个人特质,组织必须根据人的情感中立地进行设计与控制。理性—经济人假设认为人的一切行为都是为了最大限度地满足自己的物质利益,工作是为了获得经济报酬。这种人性假设下的管理主要是关注任务绩效,要通过控制系统和奖励系统确保产出。管理者只需要支付给工人足够的经济报酬,他们就会按照规定努力工作。提高组织绩效的事情完全由管理者去做,员工不会做超出控制系统和奖励系统的事情。

这一假设类似麦格雷戈提到的 X 理论假设。

2. 社会人假设

社会人假设出现于 20 世纪 30 年代,代表人物是澳籍美国学者乔治·E. 梅奥(George E. Mayo)等。梅奥等通过霍桑研究(Hawthome Studies)提出了"人际关系学说",人际关系学说的一个重要观点就是社会人假设。

社会人假设的主要观点是:①社交需要是人类行为的基本激励因素,而人际关系则是形成认同感的重要因素;②从工业革命中延续过来的机械化,使工作丧失了它的内在意义,这些意义现在必须在工作所形成的社交关系中寻找;③相对于管理激励和控制,员工更易对同伴群体的社交因素做出反应;④员工对管理的反应达到了什么程度,取决于管理者对下属的归属、接纳、认同感需要满足的程度。针对这种人性假设,管理应该:①更多关注员工的社会需要,而不是只关注完成任务;②关注员工的幸福感、接纳感、归属感、认同感,而不只是指挥、控制他们;③接受非正式群体存在的现实,考虑群体激励而不是个人激励;④倾听并试着去理解员工的需要和感情,并且对其表现出关心和同情。

3. 自我实现人假设

自我实现人假设的代表人物是美国心理学家和行为科学家亚伯拉罕·马斯洛(Abraham H. Maslow)等。

自我实现人假设认为:①自我实现重点强调的是自主、挑战、成长,最大限度地发挥个人能力和智力等的一种高层次需要;②所有人天生有自我实现的需要;③当人们在生理、安全、社交、尊重得到满足后才有自我实现的需要。在此种假设下,管理者的作用是促进者,通过发展员工自身来解决某个挑战性问题,管理实际处于辅助地位。管理意味着从采取措施使员工努力工作,转向为员工已经存在的动机提供一个向组织目标前进的机会。

这一假设类似麦格雷戈的 Y 理论。

4.复杂人假设

沙因的复杂人假设的主要观点是：①人的需要可以分为不同类型，它们会随着人的发展和生活的改变而变化。人的需要和动机因其对个体的重要程度而形成不同层次，同时会因人、因时、因情况而异。②由于需要与动机之间的相互作用，而使人形成了复杂的动机、价值观和目标，所以应该在相应水平上理解他们的动机与需要。③人在某个职业生涯阶段中的动机和目标，是由人的原始需要与组织经历的复杂、连续交互作用的结果。④人会在不同组织中，或者在同一组织的不同下属机构中表现出不同需要。如果工作本身包含了多种技能，许多动机可能在不同时期因不同任务而起作用。⑤人能够在各种不同动机的基础上有效地参与到组织中去并完成任务。员工满意度和组织绩效取决于员工的动机、能力、经历和任务性质及组织氛围。⑥人根据自己的动机、能力及工作任务的性质，能够对许多不同的管理策略做出反应。

总之，人是复杂人，其动机和需要是多样的、可变的，他们因人、时、事的不同而发生不同的变化，这些都会影响他们的行为，针对不同情况，管理应该采取不同的措施。沙因认为，这种人性假设对管理的最大启示是：管理者应该成为优秀的诊断家，应该具有对人的探究精神，并根据人的不同能力和不同动机，察觉并鉴别他们之间的不同；针对这种不同，与其痛苦地希望他们不存在，不如学会尊重个体间的差异，区别对待，同时采取相应灵活的人际关系技能改变这些人的一些自身行为。

四、行为激励理论

行为激励理论就是研究如何根据人的行为规律来调动人的积极性的一种理论。它是人际关系—行为科学中个体行为理论的核心，在管理中占有特别重要的地位。

人是有积极性的,人的积极性或来自对社会应尽的责任、义务有深刻的理解,或来自良好的人际关系,或来自个人的需要。但在现实中,我们发现很多人工作不主动、不积极,无动力。究其原因,原来人的积极性被一些因素束缚住了。激励可以起到解放人的思想、消除某些束缚人积极性因素的作用。

在人际关系—行为科学不断发展的过程中,很多学者都阐述了激励理论,这里主要介绍马斯洛的需求层次论、赫茨伯格的双因素理论、麦克利兰的成就需要论。

(一)马斯洛的需求层次论

美国心理学家亚伯拉罕·马斯洛(Abraham H. Maslow)于 1943 年和 1954 年先后出版了《人类动机的理论》(*A Theory of Human Motivation*)和《动机与人格》(*Motivation and Personality*)两部著作,阐述了他的需求层次理论。这一理论几十年来流传甚广,是行为科学家试图揭示需求规律的主要理论。

1.需求层次理论的基本内容

马斯洛的需求层次理论认为人从低到高主要有五种需求:

(1)生理需求(Physiological Needs)

生理需求,如对衣、食、住、行等的需要。马斯洛认为,这是人类为了维持其生命的最基本需求,也是需求层次的基础。假如一个人在生活中的所有需求都没有得到满足,那么是生理需求而不是其他需求最有可能成为他的主要动机。

(2)安全需求(Safety Needs)

安全需求,如摆脱不公正待遇,解除对年老、生病、职业危害、意外事故的担心,以及希望摆脱严酷的监督和避免不公正的待遇等。生理需求获得了一定满足之后,安全需求就突出地表现了出来。

(3)爱与归属需求(Love and Belonging Needs)

爱与归属需求,如希望在社会生活中受到别人的注意、接纳、关心、友爱和同情,在感情上有所归属,希望属于某个群体,不希望在社会上成为离群的孤鸟等,也称社交需求。当生理、安全需求获得了一定的保障之后,人们便要求满足较高一层的社交需求。爱与归属需求比生理需求和安全需求来得细致,更难以捉摸,各个人之间的差别也比较大,它和一个人的性格、经历、教育、信仰都有关系。例如,能力强又能自处的人,其归属感的表现就比较淡薄。

（4）尊重需求（Esteem Needs）

尊重需求是比爱与归属需求更高一层的需求,包括自尊和受别人尊重。人一方面都希望自己具有实力、自由、独立等,能感到自己有存在的价值,从而产生自尊心、自信心;另一方面也希望得到社会认可,受他人崇拜,希望有好的名誉、地位、声望等,希望受到他人的尊重。其中,自尊要以受人尊敬为基础,否则便形同孤芳自赏,难以持久。尊重需求很难得到完全满足,然而它一旦成为人们内心的渴望,便会成为持久的推动力。

（5）自我实现需求（Self-Actualization）

自我实现需求是最高层次的需求,人都希望从事自己所期望的事业,并从事业的成功中得到内心的满足。希望自己从事与自己能力相称的工作,希望最大程度地发挥自己的作用。"人既是正在是的那种人,同时又是向往成为的那样的人。"关于自我实现,马斯洛强调:"自我实现的创造性首先强调的是人格,而不是其成就,认为这些成就就是人格放射出来的副现象。因而对人格来说成就是第二位的。自我实现的创造性强调的是性格上的品质,如大胆、勇敢、自由、自发性、明晰、整合、自我认可,即一切能够造出这种普遍化的自我实现创造性的东西,在创造性生活中那些表现自身的东西,或者说是强调创造性的态度、创造性的人。"自我实现的需求促使人们成长。他们会做出成长的选择.而不是畏缩的选择,这就是趋向自我实现的运动。

马斯洛还阐述了自我实现者的特征:①对实现更有效的洞察力

和更适意的关系；②对自我、他人和自然的接受；③行为的自然流露；④以问题为中心；⑤超然独立的特性，离群独处的需要；⑥意志自由，对于文化与环境的独立性；⑦欣赏的时时常新；⑧神秘体验，海洋感情；⑨社会感情；⑩自我实现者的人际关系（自我实现者比其他成年人具有更深刻和深厚的人际关系）；⑪民主的性格结构；⑫区分手段与目的；⑬富有哲理的、善意的幽默感；⑭创作力；⑮对文化适应的抵抗。

马斯洛认为，上述五种需求呈现如下关系：

第一，对一般人来说，上述五种需求是按从生理需求、安全需求、社交需求、尊重需求到自我实现需求的顺序排列，从低到高、逐步上升的。大多数人的基本需求似乎都是按照这样的等级次序排列的，但也一直有许多例外。例如，对于有些人来说，尊重似乎比爱更重要。

第二，一个层次的需求基本获得满足后，就会向高一层次的需求发展，但是并非前一个需求要得到百分之百地满足。如果只满足了高层次的需求，而没有满足低层次的需求时，人们可能会牺牲高层次的需求，而去谋取低层次的需求。因此，必须首先满足低层次的需求，这是基础，然后逐级上升，才能有效地激发动机，调动人们的积极性。

2. 需求层次理论给教育管理者的启示

马斯洛的需求层次理论对教育管理的实践有一定的启发。

首先，教育管理者要了解被管理者的各种需求及需求结构，根据他们的需求采用相应的措施。"作为内在结构，人不仅有生理需求，而且也确实有心理需求。这些需求可以认为是一种缺失，必须由环境给予最适宜的满足，才能防止疾病和主观上的不幸。"

其次，还要了解教师的主导性需求。在同一时期内，人们可能同时存在几种需求，但是总有一种占优势地位的需求，它就是主导性需求。因为主导性需求能引起主导动机，决定人的行为。所以要预测人们的行为,调动人们的积极性,就一定要掌握人们的主导性需求,这是调动人们积极性的出发点,否则就会无的放矢,解决不了问题。

再次,教育管理者要引导人们的需求。人有各种各样的需求,在某种情况下,哪种需求出现,哪种需求的强度大,依赖于某种刺激。教育管理者要引导人们产生与总体目标相一致的需求,这样个体需求满足的过程就是总体目标实现的过程。

最后,教育管理者要重视培养人们的高层次需求。马斯洛把人的需求分为高、低二级。他认为对高级需求的追求和满足代表了一种普遍性地趋于健康的趋势,一种远离心理疾病的趋势。低层次需求是人的自然属性决定的,是人的本能带来的;高层次需求是人的社会性、能动性决定的,是通过后天的培养和锤炼才能表现出来的。人们的需求随着从低级向高级的发展,社会因素的影响也在逐渐增大,而生物因素的调节作用则逐渐降低。这说明按自然属性满足人们的物质需求,所起的作用只是有限的。而满足受后天社会因素和环境影响的高层次需求,所起的作用在逐渐增大,甚至可以增大到这种程度:他们愿为高级需求的满足牺牲更多的东西,而且更容易忍受低级需求满足的丧失。这说明培养人们的高层次需求是非常必要的。但是,由于低层次需求容易发现,而高层次需求不容易被发觉,致使某些管理者有意、无意地忽视培养人们的高层次需求,而只顾满足他们的低层次需求,长此下去,会限制人们需求层次的提高,僵化人们的思想,降低了教育管理的效益。

(二)赫茨伯格的双因素理论

20 世纪 50 年代后期,美国犹他大学教授费雷德里克·赫茨伯格(Fredrick Herzberg)等就人类在工作中的两类不同需求进行了大规模的试验研究,通过研究,他于 1959 年出版了《工作动机》(*Motivation to Work*)一书,总结了试验研究的成果,提出了双因素理论(Two Factor Theory)。双因素理论又叫激励—保健理论(Motivator-Hygiene Theory)。1966 年,他又出版了《工作与人性》

（*Work and the Nature of Man*），再次介绍了双因素理论产生的过程及主要内容等。

1. 什么是双因素理论

赫茨伯格通过研究发现，影响成员工作的因素有两大类，一类是保健因素，另一类是激励因素。他界定了这两种因素，列举了这两种因素的具体内容，阐述了这两种因素对成员的不同影响。

关于保健因素，赫茨伯格在一些案例的调查中发现："有些事件会让人们感到他们在一种不公平或紊乱的环境中工作，这些事件会造成一种不利于心理健康的工作环境。与这类事件相关的因素被我们称为'保健因素'。"保健因素，即带给成员非常不满意的因素，多产生于工作环境方面，主要"包括管理、人际关系、工作条件、薪酬、公司政策、行政管理、福利政策及工作保障"。

关于激励因素，赫茨伯格从另外一些案例的调查中发现：引起员工非常满意的因素是由工作本身产生的，例如，工作富有成就感，工作成绩得到承认，工作本身富有挑战性，职务上的责任感，个人发展的可能性，等等。人们需要在生活的各个方面实现自我，工作是其中最重要的方面之一。只有工作本身才能满足人们的这一基本需求，进而又增强他们对这种满足的渴望。工作本身的因素通过让个人实现抱负和期望达到激励的效果，这种工作因素就是我们所说的"激励因素"。

赫茨伯格对比了保健因素和激励因素的作用，工作本身因素对个人的影响可以概念化为"实现型影响"，是激励因素；与之相对的是工作外部因素，即"预防型影响"，是保健因素。保健因素作用方式与卫生保健的基本原则相似，其功能不在治疗而在预防。如果这些因素低于成员认为的可以接受的水准，就会出现对工作的不满。这些因素改善后，虽不能使员工感到非常满意，不能真正地激发他们的工作积极性，但却能解除他们的不满。否则会引起成员与组织的冲突，导致组织的不稳定。激励因素的满足能够提供心理激励，促使每个人努力去达成自我实现的需要。这种因素如果处理不好,虽无关大局,但会使成员没有满意感,对工作丧失积极性。"'激励因素'满足创造力的需求,'保健因素'满足待遇需求,只有两者共同作用才能达到促进良好工作态度、改善工作绩效的目的。"保健因素与激励因素的功能表明:不是所有的"需求"得到满足都能激发人的积极性,只有那些与工作本身密切相关的激励因素的需求得到满足时,人的积极性才能被调动起来,他们才会努力进取、做出成绩。所以,要设法为成员提供"成就、赞赏、工作本身、责任、进步"等因素。

在保健因素与激励因素中,保健因素是基础。如果基础不牢固,工资过低,工作条件恶劣,监督十分苛刻,就会引起成员的不满,结果必然导致生产效率的严重下降,甚至引起罢工。只有将保健因素维持在员工能接受的水平,保证基础牢固,激励因素才能够发挥作用。当然保健因素的满足不会起激励作用,还必须提高成员对工作本身的满意感,这样才能起到有效而持久的激励作用。这时,即使成员对环境因素有些不满,也往往能够容忍。总之,这两种因素都不可忽视,必须使它们结合起来,发挥各自应有的作用,才能真正、持久、有效地把员工的积极性、主动性和创造性激发出来。在研究中,赫茨伯格还发现,如果把某些激励因素变成保健因素,或任意扩大保健因素,都会降低一个人在工作中所得到的内在满足,引起内部动机的萎缩,从而导致一个人工作积极性的降低。

2.双因素理论在教育管理中的应用

赫茨伯格的双因素理论把影响教师积极性的诸多因素归结为保健因素与激励因素两大类,为教育管理者从事其工作提供了新思想和新方法。

首先,注意保健因素的满足,创造良好的工作环境和条件可以消除教师的不满意情绪和态度,这对提高工作效率和管理效率有正面的导向作用。

其次,在保健因素的基础上,采用激励因素。例如,使工作丰富化,给教师更多的主人翁感,提高工作的意义和工作本身的挑战性,使工作岗位的内容具有更高层次的需求,来激发教师的积极性和工作热情,从而会持续地提高他们的工作效率。这是双因素理论用于管理科学的一项引人注目的贡献。

最后,要善于运用奖金这一激励因素。如果把奖金变为"附加工资",人人有份,那么奖金就会变成保健因素,即人们不会因为你发了奖金而感到满意,反而会因不发奖金而产生不满意。奖金要起作用,就必须保持"激励因素"的本质,要想保持奖金"激励因素"的本质,那就必须把奖金与学校的教育教学质量和教师个人的工作成绩挂钩。

(三)麦克利兰的成就需要理论

美国行为科学家戴维・C.麦克利兰(David C. Mc Clelland)等学者经过大量研究,认为人有三大基本需要(Three Needs),它们是:权力需要、友谊需要、成就需要。

权力需要(Need for Power):权力需要是指人们希望自己有不受他人控制,但是有影响他人的力量,即对他人施加影响和进行控制的需要。权力是管理者成功的基本要素之一。个人权力的发展有依赖他人、相信自己、控制他人和自我隐退等不同阶段。高权力需要者寻求领导者的地位,喜欢支配和教训他人,要求他人听命、服从于自己,同时喜欢辩论、健谈、善于提出问题、直率冷静。

友谊需要(Need for Affiliation):友谊需要是指追求人与人之间交往、支持、尊重和密切关系的愿望。人们希望自己与他人建立友好亲密的人际关系,希望友好相处。它是保持社会交往和人际关系和谐的重要条件,负有全局责任的管理者把这种需要看得比权力还重要。

成就需要(Need for Achievement):成就需要是指人们希望自己把事情做好,希望自己成功,希望取得成就,即个体有对成功后快乐、兴奋、满足的心理体验的需要。

麦克利兰重点研究了人的成就需要,并于1966年在《渴求成就》

（*The Urge to Achieve*）等著作中对成就需要进行了充分的研究。

麦克利兰对成就需要的研究成果,可概括为以下三个方面。

1. 成就需要是事业成功、兴旺的主要因素之一

根据麦克利兰的调查,英国在 1925 年时拥有高成就需要的人数在 25 个被统计的国家中位列第五,当时的英国确实是一个兴旺发达的国家。当 1950 年再做调查时,英国拥有高成就需要的人数,在 39 个国家中位列第 27,事实上在第二次世界大战以后,英国也确实在走下坡路。因此,麦克利兰认为,一个组织拥有高成就需要的人越多,往往经营得越好,发展得就越快。如果一个国家的出版物涉及成就感的内容越多,那么这个国家的经济增长就越愉快。一个国家时时想着如何把事情办得更好些,实际上就会取得更大的经济成就。

2. 高成就需要者的特点

第一,事业心强,有进取性,非常热衷于接受挑战。

第二,敢冒风险,但从来不碰运气,不寄希望于侥幸,能够以现实主义态度对待风险,善于冷静地分析问题。

第三,目标明确,实事求是,敢于承担责任。

第四,自信心强,自我信赖,能够以乐观的情绪承受挫折和失败,不沮丧、不退缩、不消沉。

第五,轻怠金钱,视物质报酬仅仅为衡量自己进入和成就大小的尺度,而不是自己的工作目标。

第六,善于表现自己,独立性较强。

3. 成就需要可以后天习得

麦克利兰认为,成就需要不是与生俱来的,而是来自后天培养的。

成就是人的基本需要之一,但调查却表明,在一个单位里,真正想取得成就的人数并不多,一般不超过 20%,而真正得到成就的人数

就更少了。为什么大多数人不想取得成就呢？因为成就得来不易，既要不怕别人的讽刺讥笑，又要有献身精神。这对于有些人来说太难了。虽然他们渴望取得成就，但由于缺乏克服困难的勇气和毅力，于是就采取消极的态度面对成就。

麦克利兰认为，具有成就需要的人可以造就富有创业精神的人物。成就需要强烈的人往往会做出成就，因为他们时时刻刻想着如何把工作干得更好。所以，为了让人们有获得成就需要的感觉，并找到某种方法培育人们的成就需要感。于是，麦克利兰开办了成就训练班，每期7~10天，分四个部分进行：①宣传高成就人才需要的形象，讲取得成就的必要性与可能性，增强取得成就的信心。②在分析具备的取得成就的条件情况下，学员制订具体的、可衡量的计划，此计划一般为期两年。③进行人生、价值等基本概念的教育，消除学员各种顾虑和自卑心理，强化自我意识。④学员交流成功或失败、希望与恐惧的经验体会，形成团结互助的气氛。

在训练班结束以后，大家开始行动，以后每半年还要开一次会，参加者是本届训练班的成员。会上相互交流经验、检查效果、找出差距，提出应该采取的补救措施。

通过成就训练班的轮训，大约有60%的成员想要取得成就。由于主、客观原因，最后能够取得成就的大约有40%的人。在一个单位里能有60%的成员想要取得成就，40%的人真正能取得成就，就很不错了。

这种方法在美国、墨西哥、印度等地的应用都取得了明显的效果。

第三节　教师职业生涯管理研究

校长和教师在基础教育的改革中、在学校改进和学生发展中起着决定性作用，以校长发展促进学校发展、以教师发展促进学生发展、以校长和教师的共同成长提升基础教育品质,这些理念决定了校长与教师培训是教育人力资源管理的重要内容。我国一直都在围绕校长和教师专业发展实施培训的实践探索,教育管理体制的特点,决定了教育管理实践的探索多是在政策指引下进行的。这里以高校校长培训和教师培训为例,阐述政策指导下的人力资源培训的实践探索。

一、校长培训的实践探索

校长培训是改革开放以来高校校长专业发展中探索时间最长、探索内容最丰富的一种实践活动,已经形成了培训制度,建立了培训机构,组建了培训队伍,设置了培训课程等。这里主要阐述校长培训层次及 21 世纪后的探索内容。

改革开放后,高校校长培训形成了任职资格培训、在职提高培训和骨干高级研修制度,其发展经历了一个不断丰富、完善与深化的过程,呈现出层次提升状态。国家对校长参加三个层次培训的要求是不一样的,其中前两个层次的培训对校长来说是强制性的,必须在规定时间内参加一定学时数量的培训,高级研修是自愿参加的培训;后两个层次的培训是第一层次培训的发展,是始终伴随校长职业生涯过程的培训。这里阐述校长培训三层次的形成,以及两个发展过程的变化情况。

(一)校长培训层次的形成

20 世纪 80 年代,高校校长培训呈现单一的层次,所有校长都参加同一层次的培训。改革开放后,最重要的就是对所有高校校长进行一遍培训。1982 年 2 月,教育部在《关于加强普通教育行政干部培训工作的意见》中就提出:在 3～5 年内,把高校主要领导干部培训一遍。1989 年 12 月,当时的国家教委颁布了《关于加强全国高校校长培训工作的意见》,就高校校长培训再次强调了上述政策主张。这段时间的培训实际是岗位培训。之后经历了分层培训思想的提出和三层次培训模式的形成,经历了岗位培训和提高培训实施框架的产生等过程。

1.明确岗位培训的实施框架,提出分层培训思想

1989年12月,国家教委颁布的《关于加强全国高校校长培训工作的意见》及1992年12月中央组织部、国家教委颁布的《关于加强全国高校校长队伍建设的意见(试行)》都明确指出:"八五"时期我国高校校长培训的重点是岗位培训。为了实施好岗位培训,当时的国家教委先后颁布了一些政策,《关于开展高校校长岗位培训的若干意见》(1990年)、《全国高校校长岗位培训指导性教学计划(试行草案)》(1990年)、《全国高校校长岗位培训课程教学大纲(试行)》(1991年)等。这些文件对岗位培训的目的、要求、时间、方式、课程设置等进行了说明,规定岗位培训要接受约300个学时的面试辅导,且要获得岗位培训合格证书。上述文件使得岗位培训有了指导性实施框架。

不仅如此,此时国家已经认识到了校长继续教育的重要性,于是20世纪80年代末产生了分层培训的思想。《关于加强全国高校校长培训工作的意见》明确指出,要在岗位职务培训的基础上,实施继续教育,进一步提高高校校长的理论水平和管理能力。这实际是后来提高培训思想的萌芽,但这时还没有明确具体概念,也没有具体落实意见,高级研修也还没有出现。

2.产生三层次培训模式,明确提高培训的实施框架

20世纪90年代中期明确提出了三层次培训的概念,即岗位培训、提高培训、高级研修。1995年12月,国家教委在《关于"九五"期间全国高校校长培训指导意见》中明确提出要形成分层次的高校校长培训格局,同时提出了三层次培训概念,对培训层次名称、对象及目的等进行了明确说明,具体见表5-4。

表 5-4　高校校长三层次培训概念

名称	对象	目的、内容
岗位培训	新上岗校长	对政治、业务和管理素质进行培训，提高履行岗位职责的能力
提高培训	已接受过岗位培训的在任校长	对新观念、新知识、新技能、新方法进行培训，以适应继续担任校长的需要
高级研修	起示范作用学校的校长	提高理论、政策水平和领导能力，造就教育改革、教育科研和科学管理的带头人

至此，形成了岗位培训、提高培训和高级研修，由低到高的三层次高校校长培训模式，之后都在沿用这个模式进行培训设计，后续的一些政策也在不断充实、丰富、深化三层次培训。

这一阶段，国家不仅要重视岗位培训，还要特别强调发展提高培训。《关于"九五"期间全国高校校长培训指导意见》在明确指出提高培训概念、对象、目的的同时，还明确指出了培训学时及要求：这类校长每五年必须参加累计不少于 200 个学时的培训；另外，要获得相应的结业证书。此时，国家教委还颁布了《全国高校校长提高培训指导性教学计划》，该教学计划对培训对象、目的、时间再一次进行了强调，同时还就培训方式、课程设置与时间、教学要求、考试与结业等问题进行了说明，这一文件使提高培训有了指导思想。上述文件的出台，使得提高培训有了指导性的实施框架。

(二)校长培训层次的发展

上述研究表明，20 世纪 90 年代中期，我国形成了高校校长三层次培训模式，同时还产生了岗位培训与提高培训的指导性实施框架。

20 世纪末及 21 世纪以来,校长培训主要运用的是发展三层次培训模式,其中包括完善任职资格和提高培训,明确高级研修实施框架。

1.完善任职资格和在职校长提高培训

1999 年 12 月,教育部在《高校校长培训规定》中又对任职资格和提高培训进行了完善。关于任职资格培训,将"岗位培训"改为"任职资格培训",培训对象增加了拟任校长;关于在职校长提高培训,把每五年累计不少于 200 个学时提高到了不少于 240 个学时;同时进一步明确,获得的"提高培训合格证书"是继续担任校长职务的必备条件。政策强调了校长任职期间的终身教育,强调参加提高培训对继续任职的意义。

2013 年 8 月,教育部《关于进一步加强高校校长培训工作的意见》再次强调了任职资格和提高培训的意义,文件还将提高培训的每五年累计不少于 240 个学时提高到了不少于 360 个学时,表明国家对提高培训的重视。2017 年 1 月,国务院在《国家教育事业发展"十三五"规划》中再次强调:实行五年一周期不少于 360 个学时的在任校长全员培训。

为了实施好任职资格培训和提高培训,教育部分别在 2013 年 2 月和 2015 年 1 月颁布了《义务教育学校校长专业标准》和《普通高中校长专业标准》,明确了合格校长专业素质的基本要求,为校长培训提供了重要依据。

上述的政策演变表明,我国一直都在不断完善任职资格和提高培训。

2.明确骨干校长高级研修实施框架

三层次培训模式形成阶段建立了任职资格和在职提高培训的实施框架。这一阶段虽然提出了高级研修概念,但是没有形成相应的实施框架。培训层次发展阶段的重要内容是建立骨干校长高级研修的实施框架。这一阶段很多政策都特别强调发展"骨干校长高级研修",这些政策为发展这一层次培训做出了重要贡献,其具体政策名称、主要内容和重要贡献见表5-5。

表5-5　骨干校长高级研修的政策发展过程

政策名称	颁布时间	政策的主要内容	政策的重要贡献
教育部《高校校长培训规定》	1999年	对象:有一定经验、理论和研究基础的骨干校长;目的:培养教育教学和管理专家	首先,扩大了高级研修的对象,不仅是起示范作用学校的校长,其他的骨干校长也可以参加,于是将这一层次培训定名为"骨干校长高级研修";其次,目标从培养"带头人"提高到培养"专家"
教育部《关于举办"全国高校骨干校长高级研究班"有关事项的通知》	2001年	实施全国高校千名骨干校长研修计划;该计划包括:骨干校长研修班和骨干校长高级研究班;研究班的目的是造就一批教育家型校长	细化了高级研修的实施内容,将其分为研修班与研究班;目标又提高到培养教育家型校长
教育部《全国教育人才发展中长期规划（2010—2020年)》	2011年	启动高校名校长培养计划;建立高校名校长每五年享受半年学术休假制度,进行高级研修	提出培养造就高校名校长;为他们高级研修提供时间保障

政策名称	颁布时间	政策的主要内容	政策的重要贡献
教育部《关于进一步加强高校校长培训工作的意见》	2013 年	高级研修重点是提升校长战略思维能力、教育创新能力和引领学校可持续发展能力；组织实施卓越校长领航工程	对研修结果提出了更高要求，设计了丰富的计划和工程
教育部办公厅《关于启动实施高校校长国家级培训计划的通知》	2014 年	卓越校长领航工程主要包括：骨干校长高级研修班、优秀校长高级研究班和名校长领航班；三个班的目标分别是培养一批优秀校长、教育家型校长后备人才和在国内外具有较大影响力的教育家型校长	明确了卓越校长领航工程的三级别班；阐明了每级别班的目标
中共中央、国务院《关于全面深化新时代教师队伍建设改革的意见》	2018 年	实施校长国培计划，重点开展乡村高校骨干校长培训和名校长研修	明确了骨干校长培训要关注乡村的校长；强化了名校长的研修

表 5-5 反映了骨干校长高级研修政策的发展过程。这个过程表明,20 世纪末 21 世纪初,我国明确了骨干校长高级研修的目的、对象,提出了具体措施,后来又对此进行了完善,尤其是"十二五"时期的政策更加丰富、深化了该层次培训,"十三五"时期的政策更是进一步的强化此事。除此之外,还关注了乡村骨干校长的培训问题。

这一阶段建立并发展了骨干校长高级研修的实施框架：关于培训目标，从 20 世纪 90 年代中期的"教育改革、教育科研和科学管理的带头人"，到 20 世纪末的"教育教学和管理专家"，再到 21 世纪初的"教育家型校长"，后来在"十二五"时期提出了"造就国内外有影响的教育家型校长"，最后在"十三五"时期关注具有创新能力的教育家型校长，培训目标在逐步提高；关于培训级别，从 2001 年全国高校千名骨干校长研修计划中的骨干校长研修班和骨干校长高级研究班两个级别，到 2014 年卓越校长领航工程中的骨干校长高级研修班、优秀校长高级研究班和名校长领航班三个级别，培训级别越来越细化；关于能力提升：从 20 世纪 90 年代中期的提高"理论、政策水平和领导能力"，到"十二五"时期的提高"战略思维、教育创新和引领发展的能力"，再到"十三五"时期的提高治理能力，对校长素质的培训要求越来越时代化、专业化和高标准化。

二、教师培训的实践探索

教师培训主要是指高校教师的职后培训，这种培训是指其承担规定的教育教学任务后，接受一种有组织的教育教学知识传递和技能提高的行为。中华人民共和国成立以来，国家出台了一些针对职后培训的政策，教育系统在政策指导下进行了相应的实践探索。这里主要阐明教师培训的发展过程和理念。

(一)教师培训的发展过程

我国关于高校教师职后培训经历了以学历补偿为主、从学历补偿到继续教育和全面推进高校教师继续教育的过程。

1.学历补偿为主的教育

中华人民共和国成立后，我国很快建立了教师教育体系：师范大学和师范学院主要培养高级中学教师，师范专科学校主要培养初级中学教师，中等师范学校主要培养小学高年级教师，初等师范学校主要培养小学低年级教师。到了 20 世纪 60 年代,我国逐渐取消了初等师范学校,小学教师都由中等师范学校培养。这表明,高中教师是本科毕业,初中教师是专科毕业,小学教师是中师毕业。改革开放后仍然延续这一规定。改革开放后的一些政策法律,例如,教育部《关于加强和发展师范教育的意见》(1978 年 10 月),国家教委《关于基础教育师资和师范教育规划的意见》(1986 年 3 月)及《中华人民共和国教师法》(1994 年 1 月),这些文件都重申了这一规定。

由于教师教育发展的滞后性,造成很多不合格教师进入教师队伍,所以在长达四十多年里的时间里,我国教师职后教育的政策主题是"学历补偿"培训,即对没有达到规定合格学历标准的教师进行的学历达标培训,这一思想在很多政策中都体现了出来。

中华人民共和国成立初期,教育部的一些文件就指出了在职教师培训任务是提高高校教师的学历水平。1955 年,教育部分别在《关于加强小学在职教师业余文化补习的指示》(7 月 19 日)和《关于加强中等学校在职教师业余进修的指示》(11 月 7 日)中明确规定,今后若干年的任务是实施学历达标培训。

改革开放后,在 20 世纪 70 年代末 80 年代初的相关文件中都坚持以"学历补偿"为主的培训。例如,教育部《关于加强高校在职教师培训工作的意见》(1977 年 12 月)和《关于进一步加强高校在职教师培训工作的意见》(1980 年 8 月),国家教委《关于加强在职高校教师培训工作的意见》(1986 年 2 月)等,这些政策都强调今后在职教师培训的任务是使现有不具备合格学历的教师取得合格学历。通过培训,使小学教师多数成为中师毕业,初中教师多数成为师专毕业,高中教师多数成为师范学院毕业。

上述阐述表明,从中华人民共和国成立之初到 20 世纪 90 年代,我国高校教师在职培训的重点是学历达标,目的是尽快改变他们学历不合格的状况。

2.从学历补偿到继续教育

1999 年 9 月,教育部在《高校教师继续教育规定》(以下简称《规定》)中指出:高校教师继续教育,是指对取得教师资格的高校在职教师为提高思想政治和业务素质进行的培训。该定义表明:高校教师继续教育是对学历合格教师提供的培训,是帮助他们进行知识的更新、补充、拓展和提高,进一步完善其知识结构,提高其能力和专业技术水平的一种教育。

20 世纪 90 年代中后期,教师职后培训政策一方面强调"学历补偿",另一方面又提出了继续教育的任务,最终的取向是继续教育。

国家教委《关于师范教育改革和发展的若干意见》(1996 年 12 月)和《关于"九五"期间加强高校教师队伍建设的意见》(1996 年 12 月)都强调:"九五"期间教师培训的重要任务依然是学历补偿,但同时也都指出了要实施继续教育。通过继续教育提高教师队伍的整体素质,培养一批骨干。1999 年 3 月,教育部在《关于师范院校布局结构调整的几点意见》中强调在进行学历达标培训的同时,强调要把高校教师培训工作重心从学历补偿教育转向继续教育。

《规定》明确指出:参加继续教育是高校教师的权利和义务。各级人民政府和教育行政部门应依法保障教师继续教育工作的实施。这表明教师参加继续教育是他们从事教育教学工作应该进行的价值付出,也是应该得到的价值回报,也表明了为教师提供继续教育是国家的责任。另外,文件还对高校教师继续教育的原则、周期、内容、类别、组织管理、条件保障、考核与奖惩等都进行了规定。这是 20 世纪 90 年代末,我国出台的一部较为完整的关于高校教师继续教育的规章性文件,该文件表明了我国职后教师教育的主体转向了继续教育。

20 世纪 90 年代,我国不仅在政策中提出了高校继续教育的思想,而且也颁布政策予以落实。1996 年 4 月,国务院学位委员会《关于设置和试办教育硕士专业学位的报告》指出:教育硕士专业学位招收的对象为大学本科毕业,具有三年以上一线教学经历的基础教育的专任教师和管理人员。在职教育硕士属于对合格教师进行的提高学位层次和综合素质的继续教育。1999 年 1 月,国务院批准了教育部《面向 21 世纪教育振兴行动计划》,该计划中的"跨世纪园丁工程"的内容之一是 3 年内对现有高校专任教师进行全员培训和继续教育。这标志着我国高校教师职后培训工作的重点从学历补偿逐步转变为以提高思想政治和业务素质为主的继续教育。教育硕士专业学位的设置及"跨世纪园丁工程"表明,我国的高校教师继续教育已经进入了实施阶段。

由此可以看出,20 世纪 90 年代的教师教育政策关于高校教师职后培训主要有两个目的:一是把具有不合格学历的教师提高到合格学历水平,二是使合格教师的思想政治水平和业务素质进一步提高。

3. 全面推进高校教师继续教育

21 世纪,我国虽然还存在教师学历不达标的状况,但是此时教师教育政策主要指向了继续教育,全面推进高校教师继续教育是这一时期的主题。《规定》明确指出,高校教师继续教育是为了提高高校教师队伍的整体素质,适应基础教育改革发展和全面推进素质教育的需要。

继《规定》颁布后,教育部又先后颁布了一些政策,例如:《关于"十五"期间教师教育改革与发展的意见》(2002 年 2 月)等,这些政策都明确提出,要"加强教师继续教育""全面推进高校教师继续教育工作"。

这些政策还就全面推进高校教师继续教育的全员性与全国性的特点进行了明确说明:

继续教育要实行全员性培训,要面向全体高校教师。这种全员性培训不是大家都参加统一模式的培训,而是要分门别类地对教师进行培训。例如,有新任教师、在职教师和骨干教师培训;有计算机和其他学科培训;有培训者和非培训者的培训;有学历和非学历培训等。这个时期的学历教育主要是对取得国家规定合格学历的教师进行的培训,是为了提高他们的学历层次而实施的培训,更是继续教育中的一个内容。

这种全面性还体现在继续教育要逐步从部分地区扩展到全国。很长时间以来,我国政策更多关注的是城市教师的培训,21世纪的教师培训政策除了关注城市及发达地区的教师的继续教育,还要关注农村和西部等地区的教师的继续教育。政策提出要加强对农村、少数民族和边远地区的高校教师进行培训,要加大对西部地区教师教育的支持力度,实施西部教师培训计划。《关于进一步加强农村教育工作的决定》强调了农村教育的重要性,同时指出:加强农村教师培训工作,实施"农村教师素质提高工程"。

为了全面推进高校教师的继续教育,还从培训手段上对教师培训进行了探索。教育部于2003年9月启动了全国教师教育网络联盟计划,该计划主要是运用远程教育手段整合优质教育资源,以便高质量、高效益地实施继续教育。《关于全面深化新时代教师队伍建设改革的意见》指出,转变培训方式,推动信息技术与教师培训的有机融合,实行线上线下相结合的混合式研修。《教师教育振兴行动计划(2018—2022年)》强调,依托全国教师管理信息系统,加强在职教师培训信息化管理,建设教师专业发展"学分银行"。信息技术手段的助力,会进一步全面推进高校教师的继续教育。

(二)教师培训的发展理念

上述培训的发展过程表明,我国高校教师职后培训经历了以学历补偿为主的培训,然后,学历补偿与继续教育同时存在,最后发展到全面推进继续教育。这一发展过程强调了学历教育和继续教育,其背后价值理念是高校教师必须具备一定的学历,达到一定学历后还要持续不断地学习,所以国家要提供学历教育和继续教育。通过这两种教育,促使教师持续不断学习,提升教师人力资本的质量。

1.通过学历教育提升教师的人力资本质量

学历教育是从入学、培养到毕业都在国家统一管理和指导下进行的教育。学历教育要根据教育部下达的招生计划、根据学生的入学考试成绩录取学生；要按照事先制定的、经教育主管部门批准的人才培养方案实施教学；要根据学生完成培养方案的情况、根据各科考试成绩及毕业论文撰写情况发放国家统一印制的毕业证书和学位证书。与非学历教育比起来，学历教育具有更大的权威性、更强的规范性。

学历是一个人的学习经历，表明了他接受教育的程度。虽然这种学习经历并非能够完全决定一个人对社会的贡献，但是一般来说，接受过这种教育的人比没有接受过的人，其认识问题、分析问题、解决问题的能力更高，工作效率也更高。与非学历教育比起来，人们普遍认为学历教育的含金量更高，更具有符号性意义。

西奥多·W.舒尔茨（Theodore W. Schultz）认为："人才开发如果以学历为标准的话，那么学历层次与脑力劳动能力的比值将有25倍的差距，大学：中学：小学＝25：7：1。"所以，学历反映了一个人本身的资本含量，反映了其对社会的价值。这表明，学历教育更有利于提高人力资本的质量，更有利于提升教师的素质，从而促进学生发展、学校发展。

鉴于学历的个体意义与社会意义，世界上一些发达国家都很重视高校教师学历，要求教师要有本科学历。不仅如此，很多国家还倡导提高教师学历水平，吸收具有硕士研究生和博士研究生学历的人做高校教师。我国也认识到了学历对发展教育的价值，所以改革开放后，在追求学历达标的同时，国家又提出了提高高校教师学历层次的思想。不仅如此，2012年8月，国务院《关于加强教师队伍建设的意见》指出："修订《教师资格条例》，提高教师任职学历标准。"这表明国家不仅倡导提高高校教师的学历水平，还准备通过法规形式提高教师职业入门的学历要求，表明了国家对高校教师学历的重视程度。

为了提高学历，世界上很多国家都把学历教育作为教师教育的重要内容。我国也意识到了学历教育对促进社会、促进教育发展的意义,所以,在中华人民共和国成立后,我们追求的就是学历补偿教育,使学历不合格的教师达标,之后进行学历提高教育。20 世纪 90 年代中后期,我国高校教师培训进入继续教育时期,此时期的重要内容之一就是提供学历教育,目的是提高教师的学历层次。国家在 1996 年为高校教师专门提供了教育硕士渠道后,于 2008 年 12 月国务院学位委员会第 26 次会议又审议通过了《关于教育博士专业学位设置方案》,又为高校教师获得更高学历提供了专门渠道。

2. 通过继续教育完善教师的一生发展状态

学历教育虽然很重要,但它只能是教师培训的内容之一,不能成为全部。教师发展还需要持续不断的继续教育。

首先,学历教育不能贯穿教师职业生涯的始终。教师学历虽然表明了他们具有从事教育教学的最起码资格,高学历者表明了他们具有较高的知识与能力的起点,但是这些都不能表明他们未来一定是合格教师。学历是人们一生中某一阶段的教育经历,一般来说本科教育 4 年,硕士研究生 2~3 年,博士研究生 3~4 年。以此来计算他们从教时间:目前大多数学生 22 岁至 23 岁大学本科毕业,24 岁至 26 岁硕士研究生毕业,28 岁至 30 岁博士研究生毕业,按照 60 岁退休计算,他们的从教时间是 30~38 年。目前,我们生活在一个急剧变化的快速发展的社会,在这 30 多年的时间里,社会会发生很大变化,"人凭借某种固定的知识和技能就能度过一生,这种观念正在迅速地消失"。如果没有后续的教师教育,教师很难跟上未来社会发展的步伐。终身学习理论认为:"学习是人的一生中需要不间断地进行的一项比任何社会活动都重要的行为。"即便是博士研究生毕业,尽管他们的起点很高,尽管他们具备了创新研究的基础,但是,他们的知识、技术毕竟是建立在以往社会发展状态基础上的,而不是建立在未来社会发展的情况下。所以,他们如果不持续学习,其对教育的贡献很可能也会呈现下降趋势。因此,只有学历教育是不够的,还必须有学历后教育。

20 世纪 60 年代盛行的终身教育理论表明,教育应该持续地进行,应该贯穿人的一生,而不仅仅是某个阶段的教育。终身教育思想的倡导者保罗·朗格让(Parl Lengrand)认为,教育应该帮助人在其一生中不断学习和得到训练的结构和方法。在终身教育理论影响与指导下,世界很多国家都开始了继续教育,我国也进入了全面推进高校教师继续教育阶段。

其次,继续教育可以完善教师一生的发展状态。继续教育也是教师自身发展的要求。人的发展理论表明,人们在一定时期的发展经历起始阶段、成长阶段、初成就期、高成就期、下滑期、衰败期,最后进入"死亡之谷"。一般来说,当人们达到高成就期后,由于心理满足、知识陈旧、经验过时、思维定式、成就动机减弱等原因,会出现职业发展缓慢、停顿、下滑等现象,我们称为老化现象,包括思想老化、知识老化、技术老化、心态老化等。美国教育家学会曾经对教师的成绩进行了研究,他们发现教师在最初的教学中,其教学效果呈现上升趋势,隔了五六年以后,其进步不像以前那样快了,甚至有逐步下降、衰退的现象。美国教育家学会的考查验证了教师老化现象的存在。

教师这个职业每天要面对几十个甚至上百个学生,其知识、技术、品质的输出量很大。心理学中的"孔雀开屏现象"现象表明,人们都愿意把自己最美好的一面展示给他人,就像孔雀打开自己的美丽羽毛一样。如果教师只是一味展示自己"美丽"的一面,而没有补充"美丽"的来源,时间长了教师就会枯萎,呈现出老化现象。处于老化状态的教师没有发展的欲望、没有进取心,只是做一天和尚撞一天钟,结果不仅是自己的职业生涯受到影响,还会影响学生的发展。

人的发展理论表明,教师是可以走出"死亡之谷",并改变老化状态,其办法就是及时学习新观念、新知识、新技术。教师的继续教育可以帮助教师调整心态,给予教师发展动力,改善他们的知识结构、能力结构,提高他们追求智慧的能力,使教师更加充实地度过自己的一生,从而也促进学生的发展。

　　另外,在教师的一生中,老化现象不止出现一次,很可能每隔几年就会出现一次。社会发展越快,老化现象的出现也就越频繁。因此,对于教师来说,要持续不断地学习,持续不断地寻找自己发展的新生长点。所以,国家在全面推进高校教师继续教育的政策中特意强调了这一点。《规定》和《国家中长期教育改革和发展规划纲要(2010—2020)》及教育部《关于大力加强高校教师培训工作的意见》(2011 年 1 月)都指出,教师的继续教育周期为五年,每五年对全体教师培训一遍,其培训学时从每五年累计不少于 240 个学时,增加到360 个学时。

第六章

高校教育行政管理研究

教育行政职能是教育行政工作的职责、功能和作用。科学地界定教育行政职能是提高教育行政效能的重要方面,也是进行教育管理体制改革的基础性工作。研究教育行政职能对建立科学的教育管理体系具有重要的意义。

第一节　教育行政管理概述

一、教育行政管理的概念

关于教育行政管理(教育行政)的含义,在日本学者久下荣志郎等人著的《现代教育行政学》中,介绍了日本国内的几种观点。

第一种观点是教育行政领域区分论。相良唯一在其著作《教育行政学》中认为:"教育行政是行政的一个部门,是关于教育的行政。"这个定义是把教育行政管理作为行政的一个领域来看待的。在日本,国家政务分内务、外务、军务、财务、法务等,教育行政管理是内务行政的一部分。根据这一观点,可以明确教育行政管理在一般行政管理中的作用,也可构成教育行政领域区分论。

第二种观点是职能主义论。安藤尧雄在其著作《教育行政学》中,根据美国的教育行政学者茂耶尔曼等人代表的职能主义观点,认为"教育行政，就是在社会活动和公共活动的教育工作中提出目标，为实现这一目标准备必要的条件，以促进其完成"。按照这一观点，日本的教育基本法规定："教育行政的目标，是要为实现教育目的而健全各项必要的条件。"

第三种观点是贯彻意识形态的学说。在重视教育行政管理公权作用的人中，宗像诚也在其著作《教育行政学序说》中认为："教育政策是政权支持的教育理念，教育行政是政权机关实施教育政策。"还认为，"这里所说的教育理念，是针对教育的目的和手段、内容和方法的总体而言的。当然这里贯穿着某种意识形态"。这就是说，在这个公权作用学说里，从教育理念到教育政策、政权机关的工作，都贯穿着意识形态这条线。

第四种观点是公权作用的学说。木田宏在《教育行政法》中认为："教育行政是在作为教育政策而制定的法律下，遵照法律的规定，具体地执行教育政策的一种公权作用。"天诚勋在《教育行政》一书中认为："教育行政就是具体实现教育政策上所规定的教育目的的一种国家作用。"这两种说法大同小异，所指的都是通过立法作用来执行法定教育政策的一种公权作用。

我国学者普遍认为，教育行政管理是指国家和地方各级教育行政机关对各级各类教育事业的管理，其中包括教育行政机关的自身建设与管理及其对学校的领导和管理。换言之，教育行政管理是指教育行政机关从事贯彻执行党和国家的各项教育方针、政策，推行教育法令，拟定与颁发教育规章，编制教育计划，筹措、分配、审核教育经费与物资，任用和管理教育人员，视察、指导、考核所属机构和人员的工作，实现对教育事业的规划、组织、指导、协调和控制等职能活动的总称。

二、研究教育行政管理的意义

在新的历史时期，学习和研究教育行政管理，对实现教育行政管理科学化,推行社会主义现代化建设具有重要的意义。

(一)从历史唯物主义基本原则看研究教育行政管理的重要性

历史唯物主义认为,在社会发展中,管理是社会生活中不可缺少的要素。在国家存在的条件下,国家和国家管理在整个社会管理中居于重要的支配地位。社会主义国家的行政管理,是人们运用上层建筑因素作用于经济基础和整个社会生活的一种最普遍、最经常和最直接的实践活动,是支撑整个社会生活的重要杠杆。如何按照客观规律对社会生活实行科学管理,是社会主义建设事业关键性的问题。科学社会主义就是依靠科学,在社会的各个领域和实践活动中以科学为指导,按科学规律办事。历史唯物主义的原理告诉我们,既要重视经济基础,又要重视上层建筑;既要研究社会主义的经济科学,又要重视研究有关社会主义国家的政治和行政管理的科学,把实现国家行政管理科学化的任务摆在十分重要的位置。因此,党的十二大政府工作报告强调指出:"必须加强经济科学和管理科学的研究和运用,不断提高国民经济的计划管理水平和企业事业的经营管理水平。"

教育行政管理是国家行政职能的重要组成部分,国家行政管理当然也包括教育行政管理。按照历史唯物主义的观点,任何社会现象都有其运动发展的规律,教育行政管理作为一种社会现象,当然也有其运动发展的规律。教育行政管理学就是以教育行政管理现象及其规律为研究对象,以揭示教育行政管理的运动发展规律为任务,以提高教育行政管理效率、实现教育行政管理科学化为目的的一门学科。为了探讨教育行政管理的规律性,提高各级教育行政机关及教育行政管理干部的科学管理水平,逐步实现教育行政管理的科学化,必须加强对教育行政管理的研究。

（二）从社会经济和科学技术发展的需要看研究行政管理的重要性

"现代科学技术和现代化管理是提高经济效益的决定性因素，是使我国经济走向新的成长阶段的主要支柱。"这充分说明了当代社会经济的发展，一是靠科学技术，二是靠先进的管理。国外也有人把先进的科学技术和先进的科学管理比作推动社会经济高速发展的两个车轮。而科学技术的新发展会给整个社会生活带来许多新情况和新问题，使国家和社会管理的范围不断扩大，管理内容日趋复杂化，管理方式更加多样，组织机构、行政人员相应增加，行政关系错综复杂，情报信息流量增多，等等。这就要求加强对社会生活各个领域实行科学化的管理，当然也包括对教育事业必须实行科学化的管理。因而，人们应当向管理要效率，向管理要速度，向管理要质量。在这种客观形势下，迫切要求教育行政管理干部要掌握现代教育行政管理的科学知识，否则，就不能很好地适应经济和科学技术的发展。从当代社会的经济和科学技术发展来看，必须重视学习和研究教育行政管理学。

（三）从教育行政管理本身的地位和作用看研究教育行政管理的重要性

随着社会主义现代化建设步伐的加快，教育在整个经济和社会发展中的地位和作用越来越重要。发展教育事业，提高全民族素质是建设社会主义的根本大计。教育事业的健康发展需要具备许多条件，如要有正确的教育方针；要有相应的资源投入；要有一支专业的教育干部和教师队伍；要有比较完善而先进的教育设备；要有社会各界的支持和依靠人民办教育；要有比较高的管理水平；等等。而这些条件中起主导作用的是要有较高的管理水平。因为党的教育方针、政策要通过教育行政活动去贯彻落实，学校的办学方向要通过教育行政活动去把握，教育战线的人力、财力、物力要通过教育行政管理去运筹。实践证明,在其他条件基本相同的条件下,如果管理水平不同,其教育发展的整体效果也会大不相同。实行科学管理,能充分调动各方面的积极性,做到人尽其才、物尽其用,提高教育的整体效果,否则,就会造成人力、物力、财力的浪费,降低工作效率。教育事业越发展,教育行政管理的作用就越重要,对教育行政管理的要求就越高。可以说,教育管理的好坏是教育事业发展成败的关键。所以,认真学习和研究教育行政管理学,是发展教育事业,提高全民族素质,培养社会主义建设人才的迫切需要。

(四)从教育行政管理的自身建设看研究教育行政管理的重要性

中华人民共和国成立以来,我国教育事业的发展走过了曲折的道路,并且正反两个方面的经验告诉我们,社会主义国家必须十分重视对教育行政管理科学的研究。因此,我们建立了从中央到地方的各级教育行政管理机构,在党的统一领导下,在教育行政管理的各项工作中发挥了应有的作用,取得了很大的成就,积累了丰富的经验。但是,要把这些经验系统化并使之上升为理论形态,还只是刚刚起步。还应该看到,教育工作不适应社会主义现代化建设需要的局面还没有扭转,特别是面对我国对外开放,对内搞活经济体制改革全面展开的态势,面对世界范围的新技术革命正在兴起的态势,我国教育相对落后的现实和教育行政管理方面的弊端就更加突出。因此,必须进行教育改革,教育改革是对具有中国特色的社会主义教育体系的探索过程,而且迫切需要理论指导和实践经验的积累。因此,我们必须以马克思主义、毛泽东思想为指导,把国外的先进管理理论和我国教育行政管理的实践经验结合起来以揭示我国社会主义教育行政管理的客观规律,建立起既具有中国特色又能反映现代管理科学水平的社会主义教育行政管理学体系。要做到这一点,就必须认真学习教育行政管理学知识,加强教育行政管理学的研究。

第二节 教育行政管理的性质、职能和原则

一、教育行政管理的性质

教育行政管理是国家行政管理的一个组成部分,它的性质随着国家性质的变化而变化。管理作为一种社会职能,存在于各个社会形态。马克思主义的创始人早就指出,以原始公社为开端的人类社会,从一开始就存在着处理有关公共事务,包括公共教育的社会职能。随着生产力的发展、社会分工的扩大、阶级的分化,便形成了国家,建立了政权组织。有关公共事务管理这一社会职能的活动,便逐渐地具有了政治的性质。学校是应剥削阶级对于人才的需要而产生和发展起来的,学校的产生和发展对国家的行政管理提出了新的要求,于是教育行政管理就逐渐形成和发展起来了。所以,教育行政管理一开始就是国家事务管理的一部分。它受国家政治经济制度和文化教育发展水平的制约,并具有本民族的传统特点。随着文化教育事业的发展和国家性质的改变,教育行政管理也在不断充实其内容和变更其性质。

在阶级社会里,占统治地位的阶级对于教育是通过国家政权的组织机构、社会力量和社会其他组织,根据自己的意志和利益确定政策、颁布法令、建立制度和设施、从事教育活动的。

二、教育行政管理的职能

教育行政管理的职能是指教育行政管理本身的职责和功能。它既指教育行政管理活动本身所具有的能力和作用,又指教育行政机关为执行任务,实现国家教育使命所进行的职务活动。教育行政管理的职能要通过相应的机构去实现,有什么样的职能,就应该建立相应的管理体制和组织机构。因此,教育行政管理职能是建立行政管

理机构的主要依据。教育行政管理的职能也是科学组织管理过程的重要依据之一,因为教育行政管理活动也是行使其职能的过程。教育行政管理各项职能的依次行使,便构成了教育行政管理的全过程。每项职能都是教育行政管理不可缺少的重要环节,任何一个环节出了问题,都会影响整个管理系统。因此,注意发挥各项职能的作用,检查各个环节之间的关系,就能对薄弱环节及时进行调整,合理地组织管理过程,使整个管理系统正常有效地运转。当今世界各国都很注重建立健全国家教育机构,充分发挥国家管理教育的职能。根据各国的教育行政管理经验和我国的实践,教育行政管理的基本职能大致可归纳为计划、立法、组织、协调、控制、指导及服务。

(一)计划职能

计划职能是根据国家和地区经济等方面的实际情况和社会发展战略的需要,在一定时期内,对教育事业发展的方向、速度、规模做出统一规划,以保证教育事业稳步协调发展。其体现形式包括预测、计划、指示、决议等。计划是教育行政管理的中心环节。要管理就要对工作的目标和任务做出设想与安排,对重大问题做出决策。通过计划和决策,确定任务内容、工作步骤、工作方法和各种要求;还可以随时做出决议、指令,解决管理过程中出现的问题。教育行政管理任务的完成,很大程度上取决于计划和决策,以及管理进行中对计划和决策的修正。一个正确的决策和合理的计划,能为任务的完成奠定良好的基础。社会主义国家教育行政管理的计划工作,是在认真贯彻群众路线,充分调查研究的基础上进行的。它制订的计划,反映了客观规律的要求和现实情况的需要,充分考虑了实现计划的各种主客观条件。社会主义国家教育行政管理的计划职能,充分体现了社会主义的教育行政管理是一种自觉的管理。

(二)立法职能

立法职能是指国家通过各级立法机关和政府部门制定各项教育

法令和法规,并依法对教育实行管理。它是使教育行政活动正规化的一个重要职能。通过立法手段对教育的目的和方针,对社会教育和学校教育,对教职员的资格和待遇,对教育管理活动等予以法律上的规定,并依法行事。完善教育法规,能保证全国教育的正确发展方向,能保证在减少指令性计划,减少行政命令和行政监督机构的情况下,做到忙而不乱。完备的立法也是进行法律监督的依据。所以,强化立法职能是国家管理教育的最强有力的措施。

(三)组织职能

在计划和决策制定之后,就要付诸实施。列宁说:"要有效地进行管理,就必须善于实际地进行组织工作。"组织就是通过一定的机构和人员把已经拟定的计划和决策,转化为具体的执行活动和指导计划。组织活动包括对机构的设置、调整和有效运用;对工作人员的选拔、调配、培训和考核;对具体工作的推进和督导;等等。任何管理系统都需要通过具体的组织工作才能建立,任何管理任务都需要具体地组织、指导才能完成。因此,组织职能是教育行政管理活动的关键一环。

(四)协调职能

所谓协调,就是改善和调整各个机关、各种人员、各项活动之间的关系,使各项管理活动分工协作、密切配合、步调一致,以实现共同的目标,教育行政管理涉及面广、事务复杂,在组织执行时,如不及时协调,很容易出现失去组织的机制的倾向。通过政策、法令和各种具体措施,不断地调整组织之间、人员之间、活动之间的各种关系,以避免事权冲突或工作遗漏与重复,减少相互间的不和谐,形成纵向横向的良好关系,保证教育行政管理活动的正常有效运行。在任何行政管理活动中,矛盾和冲突都不可避免,但在社会主义国家,是在共同利益的基础之上和根本目标一致的前提下发生的。通过主动协调,能够解决和减少矛盾与冲突,实现教育行政管理的高效运转。所以,协调职能是教育行政管理活动中不可缺少的。

（五）控制职能

要使教育行政管理活动顺利进行并取得预想效果，就必须对管理活动的进程和结果加以控制。所谓控制，就是监督和检查。监督和检查可分为两个方面：一方面是通过收集、加工、分析有关实现计划进程的资料情报，对活动中的数量、时间、质量等因素予以控制；另一方面是了解、掌握活动中的人事、组织、财务、方法等情况，对管理活动中的各种行为予以控制。实现控制的手段有法律和行政两种，即通过监督检查掌握情况、发现问题，依据有关法令和政策或采取有关教育行政措施，及时加以解决，使管理活动能按照预定的计划进行。同时，可以根据执行情况的反馈，不断修正计划，及时调整措施。

（六）指导职能

指导职能是指国家对地方教育行政部门和学校，就地方教育发展的规模，人才培养的数量、规格，教学内容的确定，课程的设置和课时安排，以及教学方法的选择等基本属于地方和学校内部的事务，为其提供指导和建议，可以间接地影响地方和学校的经营方向和经营活动，使之与国家宏观的教育目标和教育活动相一致。

（七）服务职能

服务职能是指上级教育行政主管部门为下级教育行政主管部门和所辖的学校提供诸如信息、咨询、资助等项目，以此作为教育宏观控制的重要手段。例如，国家建立教育信息中心，为地方教育提供丰富的统计数据和教育资料，进行各种教育咨询；经常组织地方与地方之间、学校与学校之间协作，以更好地为发展教育服务；建立独立的教育财政，鼓励地方和学校兴办一些国家急需的教育项目，为落后地区提供资助；等等。所以，教育行政主管部门既是指挥部门，又是服务部门。地方教育行政部门也要树立为基层和学校服务的思想，完善内部机制，建立和加强信息机构、咨询机构和研究机构，以强化服务职能,提高服务效果。

上述教育行政管理的各种职能,是一个完整的职能体系,各种职能之间并非彼此并列、各自孤立、互不相干。马克思指出:"不同社会职能是相互交替的活动方式。"教育行政管理的各种职能也是相互交错、相互渗透、相互作用的。例如,计划是组织、协调、控制的依据,同时,要在组织、协调、控制的过程中不断修正和完善;组织不仅仅是为了落实计划,更是在制订计划,进行协调、立法和控制的过程中进行组织,服务职能也只有通过行使计划、组织、协调、控制等职能才能显现。所以,把教育行政管理看作一个完整的职能体系,正确区分表现在各个方面、各个阶段的职能,并保持它们之间的有机联系,对于有效地进行教育行政管理,十分必要。

三、教育行政管理的原则

教育行政管理原则是教育行政机构和行政管理活动应遵循的指导思想和行动准则,是国家意志的反映和实践经验的概括,具有指令性、全面性、层次性、实践性等特征。

我国教育行政管理原则是以马克思主义为指导,以党和国家管理教育的方针、政策为依据,在总结我国有益的历史经验和国外现代管理科学研究成果的基础上提出来的。由于目前尚处于探讨阶段,所以关于我国教育管理原则的说法尚不统一,但基本内容逐渐趋于一致,我们将其概括为坚持社会主义方向性原则、同经济协调发展并适当超前的原则、注重社会效益和经济效益的原则、权变性原则及民主性原则。

(一)坚持社会主义方向性原则

坚持社会主义方向,是我国行政管理活动的基本原则。我国发展教育事业的根本目的是培养高素质的劳动者和质量高的社会主义现代化建设人才。当今世界政治风云变幻多端,经济科技竞争日益激烈,在我国的教育行政管理活动中,必须坚决贯彻执行党在社会主义初级阶段的基本路线,以党和国家的教育方针、政策为依据,使我国的教育为建设富强、民主、文明的社会主义现代化国家服务。贯彻这一原则,需要注意以下几点:

1.必须坚持党的领导

党的领导从思想路线、政治路线和组织路线上,保证了我国教育行政管理活动不断适应我国社会主义现代化建设的客观要求,保证了教育行政部门各项任务的积极实现。党的领导主要是政治、思想和组织方面的领导,即对教育行政活动的政治方向、重大决策的领导和对教育行政机关及学校重要干部的调配和监督。党的教育方针政策是通过教育行政机关的活动来实现的。因此,要正确处理党组织同行政管理机构的关系,实行党政职能分开,健全教育行政部门的指挥系统,保证有效地行使自己的职权,从而加强和改善党对教育行政管理活动的领导。

2.必须全面贯彻党的教育方针

要认真贯彻"教育必须为社会主义现代化服务,必须同生产劳动相结合,培养德、智、体全面发展的建设者和接班人"的方针,在贯彻这一方针的过程中,应把坚定正确的政治方向放在首位,坚持用马克思列宁主义和毛泽东思想教育青少年,重视德育、智育、体育、美育和劳动技术教育的全面实施,把培养社会主义事业接班人作为我们管理教育工作的根本任务。

3.必须坚持四项基本原则,反对资产阶级自由化

四项基本原则是我国的立国之本,是确立教育行政管理活动的基本政治依据。行政机关教育的领导要把思想教育的领导放在首位,宣传四项基本原则,坚决进行反对资产阶级自由化的斗争。在实际工作中,要有正确的政策导向,采取得力的措施,把端正办学方向的计划落到实处。

（二）教育与经济协调发展并适当超前的原则

教育受经济发展的制约，教育又是经济建设和社会发展的基础条件。因此，教育事业必须与经济发展相协调，并适当超前。若是教育事业的发展跟不上经济和社会发展的步伐，或没有超前的可能性，那么都会阻碍国民经济和社会发展。

要贯彻这一原则，应该解决好以下两个主要问题：

1.教育要同经济和社会发展相适应

我国教育工作目前取得了显著成就：社会主义教育制度已基本确立；教育事业有了很大发展，为社会培养了大批人才；办学的物质条件得到不同程度的改善，特别是党的十一届三中全会以来，九年制义务教育开始有计划地分阶段实施，职业技术教育得到相当程度的发展，改变了中等教育结构单一化的局面；高等教育不仅发展快，而且初步形成了多层次、多形式、学科门类比较齐全的体系；民族教育、成人教育也得到了很大发展，为我国教育的进一步发展和改革奠定了较好的基础。要进一步明确教育必须为社会主义建设服务的指导思想，认真了解和分析社会政治、经济向教育工作提出的要求，从国家社会主义现代化建设的全局出发，努力解决教育与社会主义建设的需要还不相适应的问题。若想达到教育同经济发展相适应，需要做到以下两点。

第一，增加教育投入，使教育的发展速度和规模与社会生产力发展水平相适应。教育发展的速度与规模，一方面取决于物质资料生产为其提供的物质基础；另一方面取决于社会再生产对劳动力的需求程度。教育事业的发展如果跟不上社会再生产对劳动力的总需求，就会给国民经济和社会的发展带来不利影响。

我国教育虽然取得了很大成就，但仍与经济和社会的发展不相适应。党的十二届三中全会做出《关于经济体制改革的决定》以后，经济体制改革全面展开，改变了教育束缚生产力发展的体制格局，以致从农村到城市、从沿海到内地的经济发展和社会生活出现了前所未有的蓬勃生机,国家经济实力显著增强。而从根本上说,国家强盛和民族振兴靠人才,人才培养靠教育,因此,必须使教育事业在经济发展的基础上获得一个较大的发展。

发展教育事业,不增加投资是不行的。自党的十一届三中全会以来,我国的教育经费总量有了明显的增加。1988 年,在国家财政预算内,教育经费支出所占的比例达到 12.23％,国家教育经费支出占国民生产总值的比例达 2.92％。各级地方政府开辟多种渠道筹集教育资金,不少经济文化较为落后的地区,也开始重点办教育。但是,教育经费的增长速度,仍不能适应教育事业发展的需要。近年来,各级各类学校公用经费所占比例逐步下降,但办学经费拮据的状况依然存在。在今后一定时期内,中央和地方政府对教育的拨款要高于财政经常性收入,并使在校学生人数的平均教育费用逐步增长。随着经济的发展和国民收入分配结构的变化,需改革教育资金的筹措体制,逐步建立以国家财政拨款和征收用于教育的税、附加费为主,辅之以收取非义务教育阶级学生学杂费、校产收入、社会集资和设立教育基金等多种渠道筹措教育经费的新体制。

第二,调整教育结构,使其与经济结构相适应。经济结构制约着教育结构,教育结构也影响着经济结构。只有教育结构与经济结构相适应,培养出的人才的规格和数量才能适应社会各部门、各行业的需要,进而促进经济的发展。

经济结构是指由国民经济各部门、社会再生产各方面构成的,即各行各业在经济总体系中的比例关系和相互联系。这种比例关系不是一成不变的,它随着经济建设的发展而不断变化,并且保持着与经济建设相适应的综合平衡。教育结构是构成教育总体系的各个部分的比例关系及其结合方式,其主体是学校教育,即由各级各类学校之间的比例构成。教育结构的合理与否,主要看其是否与经济结构相适应。现代化的经济建设,需要有一个与之适应的人才结构,即人才的专业门类、级别及其数量的比例关系能充分适应经济建设需要的合理组成。而合理的人才组成必须依靠合理的教育结构来培养。教育结构要随着经济结构的变化而及时进行调整,才能满足经济和社会发展对不同层次、不同水平的合理配套人才及不同种类、不同专业的合理比例对专业人才的需要。

今后教育结构调整的方向应当是以九年制义务教育为基础,大力发展职业技术教育和在职岗位培训,提高劳动者素质,把培养初、中级人才摆在突出的位置。同时,优化高等教育结构,提高高等教育水平,有计划地培养高级专业人才。

教育体制改革是社会主义教育制度的自我完善,必须在党的领导下,充分调动各方面的积极性,保证教育事业持续地、稳定地、协调地发展,以提高教育质量为目的,积极地、稳妥地向前推进。根据我国国情和各地区的实际情况,随着经济体制、政治体制和科技体制改革的深化,采取综合配套、分类指导、分步推进的方针,逐步改革办学体制、管理体制和中等以上专业教育的运行机制。对中等以下的各类教育,要给地方以更多的统筹权、决策权。高等教育要由中央和地方实行宏观管理和指导,发挥学校主动性。要贯彻"依靠人民办教育,办好教育为人民"的方针,调动社会各界、人民群众和教职工办好教育的积极性。要坚持教育体制在改革中发展,在改革中提高。

为满足社会对教育日益增长的需求,要逐步建立以政府办学为主体、社会各界参与办学的体制,在加强和改善中央宏观管理的前提下,要加强地方管理职能,发挥中央主管部门行业职能,加强省、自治区、直辖市的教育决策权和统筹权,以及中心城市和县级地区对于中学以下教育的统筹管理权。通过立法,确定高等学校的任务、权利、义务和责任,运用政策、计划、拨款、评价等手段,引导学校建立主动适应社会的实际需求和自我约束的机制。要坚持教育改革与国家劳动、人事、工资制度等的配套进行。

2.教育要兼顾经济发展的近期需求与长远需求,适当地超前发展

当代科学技术的飞速发展,使经济结构和社会结构发生了很大变化。从发达国家经济情况来看,有以下特点和趋势:科学技术转化为生产力的时间大大缩短;生产领域和非生产领域之间的比例发生了重大变化,直接参加工农业劳动的人数逐渐减少,从事服务业的人数相应增加;职业、工作变更和劳动力的流动更加经常化;对工人的技术熟练程度的要求有所提高,科技人员在全员中的比例迅速增加,对高级专门人才的需要迫切,技术迅猛发展,使劳动技能主要不是靠体力,而是以智力和知识为基础。可以说,当今世界范围的竞争,在很大程度上表现为科学技术的竞争和民族素质的竞争。因此,党的十三大报告中指出:"从根本上说,科技的发展、经济的振兴,乃至整个社会的进步,都取决于劳动者素质的提高和专业人才的培养。"提高全民族的思想、道德、科学文化与身体素质,培养有理想、有道德、有文化、有纪律的社会主义建设事业的接班人,不仅直接影响着现代化建设的进程,而且在很大程度上决定着中华民族的精神面貌,关系着我国社会主义事业的兴衰成败。可见,合格人才的培养,对于我国的社会主义现代化发展具有决定性的意义。因此,党中央制定了社会主义现代化经济建设的战略目标和社会主义精神文明建设的战略方针,确定把经济发展转移到依靠科技进步和不断提高劳动者素质上来。

目前,我国劳动者的素质同经济和社会发展的要求严重不匹配。我国企业经济效益低、产品缺乏竞争能力的状况之所以长期得不到改变、农业科学技术之所以得不到普及、有限的资源和生态环境之所以不能得到充分利用和保护,原因固然有很多,但劳动者素质不高,无疑是一个重要原因。而提高劳动者的素质,就必须发展教育。从一定意义上可以这样说,谁掌握了面向 21 世纪的教育,谁就能在 21 世纪的国家竞争中处于战略主导地位。因此,教育的发展,一方面要

根据我国的国情,注意适应和满足近期经济和社会发展的需要;另一方面,又必须以面向现代化建设、面向世界、面向未来的战略眼光,及早筹划我国教育事业的发展,为适应未来经济和社会发展及为迎接21世纪的挑战做好各方面的准备。所以,在社会主义现代化经济建设的整个过程中,必须坚持把教育放在优先发展的战略地位,要求各级政府、广大教育工作者和社会各界,都要对教育的发展和改革有紧迫感,下决心改变我国教育的落后状况。要采取切实措施,认真实施教育发展的战略目标和指导方针,调整财政支出结构和教育结构,使"教育必须为社会主义建设服务,社会主义建设必须依靠教育"的方针落到实处。

(三)注重社会效益和经济效益的原则

教育的任务是培养适合一定政治、经济制度所需要的人才,它是通过培养人为政治、经济服务的。在社会主义社会,教育是进行社会主义物质文明和精神文明建设重要的、不可缺少的力量之一。在教育的指导思想、制度、方针、政策等方面,都要使人才的培养有利于物质文明和精神文明的建设。这是教育行政管理必须经常注意的原则问题。

提高社会效益和经济效益,从教育行政管理的角度讲,要做到以下几点:

1.加强教育法治建设,使教育行政管理规范化、制度化、法制化

教育法规是国家立法机关依照立法程序制定的,受国家强制力保护的有关教育的行为规定。国外的经验和我国的经验教训都说明,教育立法能够把国家意志、群众意愿、教育规律固定在法律形式上,从而确立教育的法律地位,使教育具有稳定性、连续性和权威性。在教育行政管理活动中,认真贯彻执行这些法律和制度,依法治教,就会保证我国教育事业持续、稳定地发展,保证社会主义办学方向和

培养目标的落实,这是提高教育的社会效益和经济效益的最有效途径。

2.实行科学管理,使教育行政管理效能化

（1）采用新的管理理论,特别是系统论的原理和方法

系统论的着眼点是从系统的总体出发,在发挥各分系统、小系统效能的基础上,统一计划协调,使整个系统的效能达到最优状态。首先,在教育行政管理活动中,应用系统论就要树立整体最优化的观点,而不是只追求分系统、小系统的最优化。分系统、小系统的最优化,不一定能实现总体最优化的目的。事实上,在教育系统内,可以举出很多这方面的例子。比如,我国曾经一度盲目发展普通中学,而高等教育和中等职业技术教育发展都很缓慢、规模很小,结果造成绝大多数高中毕业生既不能升大学,又无一技之长,大量毕业生的待业成了社会问题。即使就业,也还要为职业技术补课,因此,教育的总体效果是不佳的。又如,为了改变我国研究生培养数量太少的状况,几年来迅速扩大研究生的招生规模,这是有必要的。但是,主要从在校本科生中招考,对大学本科的正常教学会有一定影响。因此,从研究生的报考和教学角度考虑,可能是最优的结果,而从本科生和研究生教育的总体效果看,就不一定是最优的了。再如,在高等学校的管理上,我们经常强调发挥部门和地方办学的积极性,这对我国高等教育的发展有一定的积极作用。但是,在国家还不能有效地实行宏观计划管理的条件下,条块分割,形成了实际上的部门所有制和地方所有制,造成了教育投资和人才培养使用上的浪费,使我们国家本来就有限的教育投资不能发挥应有的效益,影响了高等教育有计划、按比例地向前发展。总之,只考虑局部教育的优化而不考虑教育系统的总体优化,教育事业发展的总体效益是不会提升的。在教育行政管理中,掌握系统总体优化的原则,就要运用统筹规划、计划协调、系统分析的科学方法,使我国的教育事业在有限的条件下,取得最好的发展效果。

其次,应用系统论要讲究教育行政活动的层次性,进行系统的管理。要求层次间职责、权利分名。总的来说,要求对教育行政活动在宏观上要管住、管好,在微观上要放开、搞活。在宏观上,实行分级办学、分级管理,把基础教育的责任和权利交给地方,在微观上,要完善各级各类学校内部的管理体制,扩大学校办学的权利,使教育系统各层次职、责、权相符,使教育系统的潜力和活力得到充分发挥。

(2)运用现代管理科学的方式,使事务处理的方法和手续标准化,使常规事务的管理机械化

过去,人是思维的唯一主体,人脑是信息加工的唯一器官。现在,现实问题越来越复杂,单凭人来处理已远远不能适应时代的发展。系统科学方法论提供了以人作为思维主体,利用计算机组成人—机系统最佳的处理问题的方法。人和计算机组成的这种复合系统,使人的优越智能与机器的独特功能相互结合,从而产生最好的系统效果。在这里,电子计算机不仅显著地帮助人节省了处理大量信息的时间,而且能完成目前人脑无法解决的许多复杂任务。因此,这种人机系统的处理方式大大加强了认识主体——人的思维能动性。

(3)合理地组织和利用人力、财力、物力、时间等,使教育行政管理获得高效率和好效益

人力、财力、物力和时间既是管理的对象,又是管理的主要资源,在教育行政管理活动中,只有充分利用和合理组织这些因素,才能获得更高效率。

第一,有效地使用教育人才。教育是培养人的活动,是用人才去培养人才。所以,有效地使用教育人才是培养人才的前提和基础。教育行政管理必须提高使用人才的效率。要把目标、职务、权利、责任四位一体地分派给合适的人选。要不断提高教育行政人员的政治和业务素质,使他们都成为既有坚定正确的政治方向,又懂得教育管理理论和方法的人,变"经验型"的管理为"科学型"的管理。要关心、

爱护、信任教育管理工作者,注意协调人际关系,充分调动他们的积极性、主动性和创造性。

第二,有效地使用财力和物力。我国经济尚不发达,尽管通过多种渠道筹措教育经费,但其数额仍然是有限的。因此,我国教育事业必须格外讲究效益。教育行政管理活动要尽力做到财尽其利、物尽其用,以最小的财力、物力去获得最大的社会效益和教育效益。教育行政部门要逐步运用经济核算制,以考核教育经费的使用效果和学校的管理水平,提高其利用率。

第三,有效地利用时间。时间是管理效率高低的重要标志和尺度。教育行政管理人员,特别是领导干部要善于合理控制和使用时间,把主要时间花费在主要的事情上,提高会议效率和办事效率。

(四)权变性原则

权变性原则,是指教育行政管理活动必须根据不同的情况,确定并采取不同的措施、方法,实行动态调节,使教育行政管理具有针对性和适应性。

影响和制约教育事业发展的客观因素千差万别、千变万化。要有效地进行管理,就必须认识和适应这种差别和变化,并根据这些差别和变化,制订不同的对策和方案,实行动态管理。贯彻这一原则,要求做到以下几点:

1. 根据不同地区的不同情况进行管理

我国地域广阔、人口众多,各地经济文化发展很不平衡,在教育发展的速度、对人才需要规格等方面存在着很大差异。为了使教育培养的人才能够适应社会的不同需要,在教育行政管理上,必须因地制宜,实行分区规划。教育结构、教材、教学内容等,也应具备各地的特色。《中共中央关于教育体制改革的决定》指出,对义务教育的要求和内容应该因地制宜,有所不同。要求地方各级人民代表大会根据本地区的情况,制定本地区的义务教育条例,确定本地区推行九年制义务教育的步骤、办法和年限。

2. 依据各级各类教育的特点要有不同的要求和做法

对于高等教育，国家要加强宏观规划，实行统一领导、分级管理，把宏观管理决策权集中在国家，把微观管理决策权下放给学校，增强高等学校的活力，把高等教育办活。过去，高等教育管理体制"下放"与"上收"两起两落，只是中央和地方分权，而没有考虑给学校一些独立管理的权力，忽视了学校培养专门人才的主动性和积极性。抓住扩大高等学校办学的自主权，增强高校活力这个中心环节，不仅能避免历史上教育管理体制单纯"放"与"收"的弊病，还能带动其他环节的相应改革。

3. 随着客观环境和教育事业自身的发展变化，要不断采取新的对策

教育行政管理的过程是一个不断发展变化的动态过程。管理的诸多因素本身在不断地运动、变化和发展，它们的相互关系也在不断地变化和发展。不仅教育系统自身在运动与发展，它同外部的相互联系也在不断地变化和发展。这些不断变化的内部因素和外部因素，必然会对管理活动产生种种影响。这种影响有两种趋势：一种是沿着方向目标进行，保证管理主体的正常活动；另一种是干扰管理主体的正常活动，削弱管理主体的有序状态。管理主体要根据反馈信息发挥调节功能，以便保持管理活动的正常进行和动态平衡。

教育的"产品"是人，不能像对物的生产一样按照固定模式去加工。这不仅因为人是变化的，还因为受到多种因素的制约。国民经济的发展和科学技术的进步，对人才的培养不断提出新的要求，因而培养人才绝不能用固定的、僵化的教育内容和方式方法。

随着经济和政治体制改革的深入展开，建立在计划经济基础之上的旧的教育运行机制必须逐步转移到适合有计划的商品经济的新的运行机制上来。

(五)民主性原则

民主性原则是社会主义国家教育行政管理区别于资本主义国家教育行政管理的根本标志,也是具有中国特色的社会主义教育行政管理的基本原则。这一原则包括吸收人民群众参加教育行政管理;尊重广大教育工作者参与各项管理的民主权利;教育行政机构实行民主集中制。贯彻这一原则,要求做到以下几点:

1. 必须通过各种方式和具体措施来保证人民群众参加教育行政管理

人民群众参加国家管理,包括教育事业的管理,是人民民主专政的社会主义国家的本质要求。在社会主义国家,人民是国家的主人。人民最根本的权利是管理国家的权利。列宁强调,社会主义国家"重要的就是普遍吸引所有的劳动者来管理国家"。毛泽东也曾指出:"劳动者管理国家、管理各种企业、管理文化教育的权利是社会主义制度下劳动者最大的权利,是最根本的权利。没有这个权利,就没有工作权、受教育权、休息权等。"我们要贯彻依靠人民办教育、办好教育为人民的方针,调动社会各界人民群众参加教育管理的积极性,使广大人民群众成为办教育的主人。

当然,人民群众参加教育行政管理,并不是说人人都实际参加具体的行政管理活动,而是有以下要求的:

第一,教育行政机关必须全心全意为人民服务,教育行政管理工作要贯彻群众路线,坚持从群众中来,到群众中去,宣传群众、组织群众,按照人民群众的意志办好教育。

第二,正确处理人民群众参加管理与教育行政专业人员代表群众实行管理的关系。既要吸引越来越多的人民参加教育管理,又要注意选拔优秀的教育行政专业人员进行具体的管理工作。

第三,教育行政管理工作要争取人民群众的支持和监督。人民群众的智慧和创造力是无穷无尽的,教育行政活动如果脱离人民群众或得不到人民群众的支持,就失去了创造的源泉;有了人民群众的监督和支持,就能有效地克服教育行政机关和工作人员的官僚主义,不断改进工作,提高工作效率。

2. 尊重广大教育工作者参加各项管理的民主权利

广大教育工作者是单位的主人,参与管理是他们的根本权利。教育行政机关的广大干部和职工、学校的师生员工,他们既是管理的对象,又是管理的主体。所以,机关、学校的重大问题,应当通过代表会、座谈会和各种组织系统的活动让人民群众参加讨论,充分发扬民主,广泛听取意见,做到集思广益。

3. 教育行政机关的组织与活动,应实行民主集中制

我国《宪法》规定:"中华人民共和国的国家机构实行民主集中制的原则。"教育行政机构及其管理活动,当然也应遵循这一原则。民主集中制包括民主和集中两个方面,是在民主基础上的集中与集中,即民主与集中相结合的制度。民主集中制的实质就是列宁所指出的"把来自下面的首创精神、主动性、灵活性、雄伟的毅力和自愿实行的集中相互结合起来"。实行民主集中制的主要要求:

下级服从上级,地方服从中央。上级机关的决议、指示,对下级机关具有约束力,且必须执行。同时,中央和上级机关也要尊重下级机关的意见和要求,充分发挥下级机关的积极性,要正确处理集权与分权的关系,既要适当集权,又要合理分权。

在教育行政机关内部建立正确的领导与被领导、集中领导与个人负责、民主讨论与日常指挥的关系,实行集体领导与领导个人负责制。对于有关政策性、原则性强的问题及重大决策要集中讨论、共同研究,然后做出决议。但在执行决议时,必须服从领导的命令和指挥。行政机关的领导对其担负的任务负全部责任。

教育行政机关的一切工作人员都必须遵纪守法、服从机关的组织和领导,机关也必须保障所属成员各种民主权利的实现。

第三节　教育与教育机构

一、教育体制的含义及其分析

教育体制改革是当前一个比较热门的话题,然而对什么是教育体制却少有研究,相关的确切表述也较少见到。人们或简单地把它理解为教育制度的总称;或把它理解为教育组织的根本制度;或采取列举的方式,将教育体制分为办学体制、教育管理体制(包括高等教育管理体制、基础教育管理体制、学校管理体制)及招生制度和毕业生分配制度等。以上几种理解都未能将教育体制的各种要素、要素的结合方式及各要素之间的相互关系表达清楚,因而也就不可能从理论上提供有效改革教育体制的科学思路。

(一)教育体制的含义

教育体制是教育机构与教育规范的结合体或统一体。它是由教育的机构体系与教育的规范体系组成的。教育的机构体系包括教育的实施机构和教育的管理机构。教育的规范体系,指的是建立并保证教育机构正常运转的规章制度,它规定着教育机构的职责权限和机构内人员的岗位责任。教育实施机构与一定的规范相结合,就构成了学校教育体制;教育管理机构与一定的规范相结合,就构成了教育管理体制。其中,教育行政机构与一定的规范相结合就构成了教育行政体制;学校内的管理机构与一定的规范相结合,就构成了学校管理体制。

(二)教育体制含义的图解说明

在教育体制这一概念中,强调的是教育机构与教育规范的结合或统一。也就是说,作为教育体制具体表现形式的学校教育体制、教育管理体制(包括教育行政体制和学校管理体制),都是一定机构与一定规范的结合或统一,如图 6-1 所示。

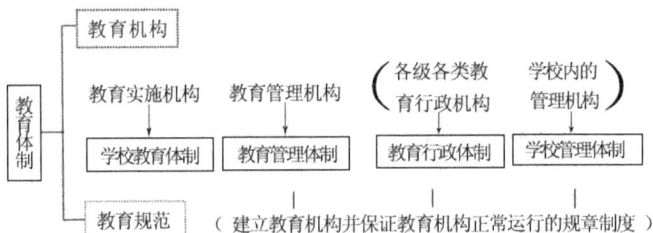

图 6-1　教育体制结构

(三)教育体制含义的理论分析

为什么说教育体制是教育机构与教育规范的结合体与统一体呢?首先,从总体上来分析。过去,人们把教育体制仅仅理解为教育组织的根本制度,只注意了体制中的"制度"这一个因素,而忽视了"制度"作用的对象,即忽视了"机构"这一个因素。因为机构的建立和运行,都是由制度决定的。也就是说,机构是依制度而存在的,而制度是针对机构而制定的。显然,认识教育体制,应从"机构"与"制度"两个方面去理解。

在教育体制中,教育机构是教育体制的载体,教育规范是教育体制的核心。没有教育机构,教育体制就失去了赖以存在的组织基础;没有教育规范,教育机构也难以建立,即使建立了也难以正常运行。之所以这样,是因为教育规范一般都要体现一个国家占统治地位的阶级或集团意志。教育机构的设置及运行,一般都要按占统治地位的阶级或集团的意志行事。这就是人们在谈及教育体制时,把注意力更多地集中在教育规范上的道理所在;这也是不同国家的教育体制不可能完全相互照搬的原因所在。

认识教育机构与教育规范在教育体制中的地位和作用很重要,它有助于我们厘清对教育体制理解上的一些模糊认识。不难看出,那种认为教育体制就是教育制度总称的看法之所以不科学,是因为这种理解只是看到了教育体制中教育规范的一面,而忽视了教育机构的一面。那种把教育体制理解为是教育机构的设置及其职责权限的划分之所以也不科学，是因为这种看法虽然提到了教育机构与教育规范两个方面，但这种看法不仅没有指出这两个要素在教育体制中的结合方式及相互关系，更主要的是，这种看法还是针对教育体制中的教育规范而言的。

其次，分析学校教育体制和教育管理体制，判断它们是不是由相应的机构与规范相结合的产物。

我们先来看学校教育体制。教育学教材在解释学校教育制度时有这样一段话：学校教育制度是一个国家各级各类学校的系统，它规定着各级各类学校的性质、任务、入学条件、修业年限，以及它们之间的相互关系。对这段话进行分析我们不难发现，它所解释的其实不是学校教育制度，而是学校教育体制。因为规定各级各类学校的性质、任务、入学条件、修业年限，以及彼此间的相互关系是教育制度的任务，而各级各类学校的系统指的不仅是这些教育的制度，还应包括学校本身，教育制度只是规定了学校的任务，离开了学校这个机构，教育制度就无从发挥作用。由此可以说，教育是实施机构（各级各类学校）与相应的规范（如培养目标、入学条件、修业年限等）相结合的产物，如果用以往的学校教育制度这一概念来表达是不确切的，所以应以学校教育体制这一概念来概括。在学校教育体制中，不同的教育实施机构与相应的规范相结合，就构成了一个国家纵横交错的学校教育体制网络。从教育层次来看，有学前教育、初等教育、中等教育、高等教育；从教育内容来看，有普通教育和职业技术教育；从教育的对象来看，有青少年教育和成人教育；从举办教育的主体来看，有公立教育和私立教育，在公立教育中，有政府兴办的教育和企业兴办的教育；从教育的时间来看，有全日制、半日制和业余等形式的教育。

再看教育管理体制。由于教育管理体制是由教育行政体制和学校管理体制组成的，所以我们可以从教育行政体制和学校管理体制入手进行分析，看看它们是不是由相应的机构与规范组成的，从而说明教育管理体制是否由教育管理机构与相应的规范组成。就教育行政体制来说,国外和国内的教育行政体制不同。例如,美国的州和地方教育行政体制是议行分离制,即教育委员会下设教育厅。教育委员会与教育厅的关系是,前者是决策机构,后者是执行机构。我国的教育行政体制是议行合一制,即教育行政机构既是决策机构又是执行机构。显然,这两种教育行政体制不同,是由不同的教育行政机构,以及决定和影响这些机构建立和运行的规范不同而形成的。就学校管理体制而言,国外与国内也有差别。例如,西方高等学校的领导体制一般实行的是校董会领导下的校长负责制,而我国实行的是校党委领导下的校长负责制。不言而喻,这种学校领导体制的不同,也是由于领导机构与相应的规范不同而形成的。

综上所述,既然学校教育体制、教育管理体制都是由相应的机构与规范构成的,那么整个教育体制就是由教育机构与教育规范构成的这一命题的成立就没有什么疑义了。

在教育体制中,学校教育体制是整个教育体制得以构成和运行的基础,它是教育管理体制直接运作的对象;教育管理体制是整个教育体制得以构成和运行的保障,它对学校教育体制改革与发展的方向、速度、规模有着直接影响。在讨论教育体制时,应看到教育管理体制在整个教育体制中的地位和作用,但也不能因此忽视了学校教育体制的地位和作用。认识到这一点,有助于我们澄清对教育体制理解上的模糊认识。那种认为教育体制包括办学体制,高等、中等教育管理体制,学校管理体制的看法,实际上指的只是教育体制中教育管理体制这一个方面,这种看法虽然注意了教育管理体制在整个教育体制中的重要作用,但由于忽视了学校教育体制这一方面,因而这种对教育体制的理解也是不全面的。

在教育体制的教育管理体制中,教育行政体制指的是国家宏观教育的管理体制,它要解决的是国家机关管理教育的问题,主要包括国家对整个教育的宏观办学体制——国家对各级和各类教育的管理体制,如国家的高等教育管理体制、中等教育管理体制等。学校管理体制指的是微观教育的管理体制,它要解决的是学校内部管理教育的问题。由此可见,办学体制是教育行政体制的一个方面,它从属于教育管理体制,所以不能把它与教育管理体制并列。认为教育体制包括办学体制及教育管理体制的看法之所以不妥当,就是因为这种看法把本来应属于教育管理体制的办学体制独立于教育管理体制之外。

(四)认识教育体制含义的意义

科学地认识教育体制的含义有着极其重要的理论意义和实践意义。从理论意义上来说,它不仅有助于我们厘清对教育体制的一些模糊认识,而且有助于我们认识政治体制、经济体制等,有助于我们认识由教育体制构成的教育现象;还有助于我们厘清教育理论中的教育体制、学校教育体制、教育管理体制、教育行政体制及学校管理体制等几个重要概念之间的关系。从实践意义上来说,有助于我们厘清教育体制改革的思路。

从以上对教育体制含义的理解中可以看出,教育体制改革的内容可以从两个角度来阐述。第一个角度就是教育体制中的教育机构与教育规范两大要素的改革;第二个角度就是教育体制中的学校教育体制与教育管理体制两大子体制系统的改革。它们之间的关系是,两大要素的改革是两大子体制系统改革的基础,两大子体制系统的改革是两大要素改革的表现形式,教育体制的任何改革,都应该从这两大要素入手,最后体现在教育体制及其两大子体制系统上。着手进行某一方面两大要素的改革,一定要先考虑改革的结果会体现在教育体制的某一子系统上;如果着手进行某一子体制系统的改革,一定要考虑从哪两个要素入手。至于要进行全面的要素改革或全方位的系统改革,就要考虑这种全面的要素改革会给全方位的系统改革会带来哪些影响、全方位的系统改革需要与哪些全面要素改革相匹配等。明确了这些,就会增强我国教育体制改革的自觉性,减少盲目性,使我国的教育体制改革朝着预定的目标不断向前推进。

二、教育机构

教育机构中的实施机构指的是各级、各类学校。当前要办好学校这个实施机构,我们就要特别注意学校这一实施机构的改革。改革教育实施机构,一要使学校办得像一所学校,不要把学校办成一个小社会,要改变这一点,就要逐步做到学校后勤社会化;二要使各级各类学校的设置在总体的布局上合理。一个国家、一个地区所设置的各级各类学校要有恰当的比例,要能基本上满足一个国家和地区的人口及经济发展的需要。我国各级各类学校的布局在某些类型及层次上还不是十分合理。例如,我国的高校设置,从地区布局来看,我国的高校大多集中在东南沿海地区和一些大城市。西南、西北地区尽管地域辽阔、资源丰富,但学校的数量却很少。显然,这种地区分布是极不均衡的,必须合理调整。这种调整不仅是指"合并一些""搬迁一些""新建一些",更重要的是要借助原有基础较好、实力较强的学校支援和帮助那些条件较差的地区发展高等教育。有人提出了这样三种具体形式,即由东南沿海地区向内地和西部地区滚动式发展;由大城市向中小城市放射性发展;重点支援边远和少数民族地区发展高等教育。从层次布局来看,由研究生、本科生、专科生三个层次构成的高等教育体系本应呈宝塔形,但在我国却是呈枣核形——两头小、中间大。我国当前研究生、本科生、专科生的比例为7.6∶100∶55,这种本科生、专科生之间的比例失调、人才层次倒挂,造成了人才培养与使用上的极大浪费。要改变这种不合理的人才层次结构,就必须在保证质量的前提下大力发展专科教育。

教育管理机构指的是各级各类教育行政机构及学校内部管理机构。当前,要特别重视教育管理机构的改革,核心是精简机构,即改变机构臃肿、编制庞杂、人浮于事的状况。长期以来,我国教育行政机构重叠,垂直领导、上下对口的行政机构越来越多,造成政出多门,令基层学校无所适从的后果;学校内部管理机构的设置也不合理,决策、咨询机构薄弱,指挥、执行机构庞大,监督反馈机构疲软,导致学校许多问题议而不决、决而不行、行而不查、查而无果,扯皮、推诿现象严重。要改变这种状况,应做到在重新拟定管理机构职权的基础上改变其职能,在职能转变的基础上使机构得以精简。机构精简不下来的真正原因,是没有改变原有管理机构的职责权限。要使机构真正精简下来,不应在转变职能上做表面文章,而应该在改变原有管理机构的职责权限上下真功夫。

第四节　现行的教育体制及改革措施

一、现行教育行政体制的性质和特征

(一)我国现行教育行政体制的性质

我国现行的教育行政体制,从总体上看属于中央集权的教育行政体制,这是我国众多学者共同认同的。然而,我国中央集权的教育行政体制又不同于法国等国家高度集权的行政体制。在法国,教育事权完全集中于中央教育机构,地方只有执行权。然而,我国的教育行政在强调统一的教育方针、政策的同时,重视地方对教育尤其是对基础教育的领导管理。正如国外有的研究者评论的那样:"中国已建立了一套教育制度,尽管总的来看是中央集中管理,但是有多层责任制。在国家总的管理下着重强调地方的参与。"

(二)现行教育行政体制的特征

我国实行"政府宏观管理、分级办学、分级管理"的教育行政体制,在近年来又相继下放权限,但是,中央教育行政机构通过相应的职能部门(司、局)直接干预教育的现状没有改变。这一行政体制的运作,使得我国现行的教育行政体制呈现出以下特征:

1. 中央集权与地方分权并存,中央集权高于地方分权

随着我国教育行政体制改革的深入,中央包揽教育一切的格局有所改变。特别是在近十几年的改革中,中央逐步将教育管理权限下放,实行了政府宏观调控,分级办学、分级管理的教育行政管理体制。中央政府和教育行政部门制订教育发展规划、制定教育政策法规等,地方政府和地方教育行政机构也有了一定的决策权和自主权,如学校建设、课程设置、教学计划和大纲的审定、教育资源的开发利用等,呈现出中央集权与地方分权并存的局面。但是,这种权力下放仍是有限的,在教育行政管理上仍是以中央集中管理为主。对我们这样一个教育人口众多、地区经济发展又极不平衡的国家来说,从教育的中央集权向中央宏观调控、地方分权负责的体制转变尤其必要。

2. 行政干预、监督多于法律监督

中央教育行政机构主要通过公文的运转,指导、监督全国的教育事务,或通过会议下达指令性意见,实施行政监督。尽管近十年内国家逐渐出台了不少教育法律、法规,但是现有的法律法规仍不够齐全,执法程序仍不够规范,强大的行政干预淡化了人们执法、依法的观念。全国尚未真正形成依法治教、依法行政的良好氛围。行政监督替代法律监督的现象比较严重。

3. 一级管一级,下级对上级负责的现象普遍存在

教育部领导全国的教育政务与事务,确定各级各类学校的教学大纲、德育大纲、教材、课程、学制,控制全国教育发展规模,制定各类规章制度等。省(市)级教育行政部门按照教育部的要求,实施教育政务与事务。县(区)级教育行政部门在省(市)级教育行政部门的领导下开展教育工作。

4. 中央集权与地方分权的程度呈周期性变化

20世纪50年代,为满足广大劳动人民及其子女受教育、学文化、学技术的要求,中央加强了地方和部门的作用。在20世纪60年代初

期和中期,为提高教育质量,中央进一步确定了教育方针,强调集中;
1985 年以来,受经济和政治制度改革及教育发展与改革趋势的影响,
中央强调了分级管理。

二、现行教育行政体制的改革

(一)现行教育行政体制改革的必要性

我国教育行政体制从建立到逐步完善的演变过程,正是建立中
国特色社会主义教育管理制度探索不断深化的过程。我国的教育行
政体制经过多年的改革与发展,取得的成绩是显著的,但是还要看到
教育行政体制存在的一些问题,以便在以后的改革中不断地进行
解决。

1.高等教育行政体制中存在的问题

在计划经济时代,行政体制的权力集中于中央,实行的是条块分
割的管理体制。在当时特定的历史条件下,这种体制有利于高等教
育的政令统一,有利于实行宏观规划、调整和控制,对有计划地发展
高等教育事业、适应当时经济建设的要求起着积极的作用。但是,由
于忽视了高等院校作为一个独立实体所具有的积极性和创造性,使
得高校领导不是根据教育规律而是根据上级的部署和指令进行改革
和管理,造成了学校只对上级负责、不为地方建设服务,而地方政府
也不关心学校建设和发展的现象。这样,不仅学校的发展受到限制,
整个高等教育事业的发展也受到了制约。因此,在这样的条件下进
行的管理体制改革,基本上也就仅限于高等学校隶属关系的调整,却
没有从根本上突破旧体制的框架;高等教育管理实行的仍是过程管
理,而不是目标管理,没有形成完整的体制,没有从根本上改变政府
对学校包得过多、统得过死的不合理局面,学校办学的社会经济效益
低,缺乏应有的自我调节能力和办学活力。

改革开放以来,随着社会主义市场经济体制的初步建立,高校办

学的自主权得到了进一步的扩大,管理体制改革依照集权与分权相结合、统一性与多样性相结合、全面规划与因地因校制宜相结合的原则,调动了各方面的积极性和主动性,增强了学校的生机和活力,使学校能主动地适应经济建设的需要。近年来,政府转变职能、实施宏观调控,实行中央、地方两级管理,以地方为主的管理体制,逐步把高校建成相对独立的办学实体,逐步建立起了与新的经济体制、政治体制相适应的具有中国特色社会主义的高等教育管理新体制。然而,我们不得不遗憾地指出,这种体制改革虽然取得了一定的成效,但是还存很多的弊端,主要表现在:①国家各级各类行政机关对高等教育活动管得过多,管得过死;②虽然中央统一领导,但由于大学隶属不同、层次有别,而领导机构又缺乏灵活有效的统一和协调途径及手段,导致条块分割,多头领导,自成体系,致使高等教育管理陷于一统就死、一放就乱的两难境地;③由于大学自身性质和特点没有得到充分重视,政府机关进行管理的方式又过于死板,同时缺乏科学有效的干预手段,使得各大学缺乏个性和活力;④高等教育对国家的依赖性较强,缺乏适应社会需求的能力,难以同生产、科研和其他方面进行广泛联系,因而难以利用各种社会力量和优势办学。

2.基础教育行政体制中存在的问题

我国的基础教育管理体制经过一系列的改革后,确立了"地方负责、分级管理、以县为主"的体制,但是仍然存在一些问题有待进一步的解决。

在改革的过程中,各地区之间的教育发展极不平衡,有些地区改革迟缓滞后。由于我国地域辽阔,各地区之间在政治、经济、文化方面的发展程度很不平衡,存在着较大的差别,因而各地办教育的能力、对教育的需求都有很大的差异,这使得发达地区与欠发达地区教育发展的差距不断拉大。经济条件好的地区改革较多,成绩也较突出;边远落后地区由于经济条件差、文化水平低,所以办教育的能力也低,人们的思想观念也停留在小农意识上,改革的主动性、创造性远远不够，还存在"等、要、靠"的思想，学生辍学、流失现象非常严重，分级办学、分级管理还没有得到真正落实。

由于法制不健全、监督制约机制不完善、法治观念淡薄，在权限逐级下放后出现了管理上的随意性，对教育秩序的正常维护造成了不良影响，依法治教有待进一步加强。虽然我国在教育法治建设方面取得了长足的进步，制定了《中华人民共和国义务教育法》《中华人民共和国教师法》《中华人民共和国教育法》等相关法规，以及一大批相关的地方性法规和部门规章，初步结束了我国基础教育工作"无法可依"的局面，但我国基础教育立法工作，还存在着各级教育主管部门、各级各类学校依法治教的观念仍然比较淡薄，高校师生及受教育的其他公民运用法律法规来维护自己合法权益的意识还不强烈，教育法规的执法监督体系和机制还不够健全，立法工作明显滞后等问题。

农村的义务教育，经过税费改革后，其经费来自县级财政，由地方政府负责和安排对义务教育的投资，虽然这相对于过去由县、乡两级负责的局面有很大的改进提高，有些地区基本保证了农村义务教育的经费和教师工资的发放，但是这仍然要取决于各地区经济发展情况，取决于各地方政府的财政收支状况。不发达地区的教育发展也因此可能得不到有效的投资保障，那么由此引起各地区义务教育普及与发展的不均衡也就在所难免。

历史经验表明，要建立一个完善的教育管理体制，应该在尊重教育自身发展规律的基础上，从我国的基本国情出发，不仅要反映我国的政治、经济制度，还要与我国的文化发展水平、历史传统及人口、地域等方面的不平衡与差异相适应。教育行政体制改革，必须做到改革进程科学化、决策过程程序化、领导改革民主化，不因领导者喜好或变更而改变，避免大起大落。只有这样，才能建立一个完善的、稳定的、具有中国特色的教育行政体制。

(二)现行教育行政体制改革的方向

我国目前的教育行政体制改革,所指向的是冲破计划体制的束缚,建立一个与渐趋定型、成熟的社会主义市场经济体制相匹配的教育行政新体制。这一改革是为了适应我国经济增长方式由粗放型向集约型转变的新形势,实现我国教育由数量扩张的外延型向质量提高的内涵型发展转变所进行的资源配置方式的调整;是我国教育由封闭走向开放,面对经济、科技全球化和新科技革命、知识经济的挑战所进行的功能扩展和秩序重构。我国教育体制正在逐步实行和完善均权化的体制,如"基础教育、地方负责、分级管理",地方与中央"共建"高校,部分高校下放地方,实施"学历资格认定考试",等等。中央集什么权、放什么权,地方有多大自主权的前提,既加强了中央行政机构的统一领导,又可以充分发挥地方积极性。我国教育行政体制的改革,要进一步简政放权、转变职能,使地方对教育有更多的统筹权、决策权,给学校更多的办学自主权,让高校成为面向社会自主办学的法人实体,充分调动行业办职业教育、成人教育的积极性,逐步完善和实行中央与地方、教育行政部门与行业、高校均权化的体制。

建立和健全教育行政行为的支持机构,强化教育服务体系,有助于形成我国的教育行政新体制。面向社会,加强教育行政的中介机构建设,是教育行政体制改革的一个重要辅助措施。依靠中介机构和研究机构,简化和削弱不必要的行政行为,将教育决策的前期研究及教育教学业务性、技术性、辅助性较强的工作转移到相关的研究机构、中介机构或事业单位,从而实现纵向上"简政放权"、横向上"转移职责",真正建立简政高效、统一有力的教育行政体制。

通过对教育行政改革历程及其原因和动因的分析,具体到高等教育和基础教育行政体制还有以下方面的问题需在改革中进行进一步解决。

1. 高等教育行政体制改革的趋势

(1) 继续扩大高等学校的办学自主权

扩大高等学校办学自主权,建立学校自我发展和自我约束的机制,仍将是我国高等教育办学和管理体制改革的主要内容之一。高等教育办学和管理体制的改革,不是简单地改变学校的隶属关系,而是要把重点放在转变政府职能,扩大学校面向社会依法自主办学的权限,建立自我发展和自我约束的机制上面。只有这样,学校才能真正主动适应经济和社会发展的需要,才能在改变领导管理体制之后获得健康的发展。

(2) 继续加强省级政府的统筹决策权

加强省级政府对设在本地区的高等学校的统筹决策权,变"条块分割"为"条块结合"的新体制是 20 世纪 90 年代我国高等教育办学和管理体制改革的又一项重要内容,并已取得突破性的进展。社会主义市场经济体制的建立和完善,以及现代科学技术的发展,必将促进区域经济进一步发展,这必然要求更加优化资源的配置,中央机构的改革和政府职能的转变也将因此而不断深化。因此,必须进一步加强和完善省级政府的统筹决策权。

(3) 继续转变政府职能,加强宏观调控

随着高等教育在经济、社会发展中的战略地位越来越突出,作为反映社会整体利益的政府,必然要加强对它的宏观调控,从而使它更好地为经济、社会发展服务,为统治阶级的利益服务。这是一个不以人的意志为转移的、带有规律性的现象。改革过于集中统一的管理体制仍然是我国今后一个时期教育体制改革的一项重要内容。21 世纪初,我们建立起了科学的分级分工管理制度,要继续坚持在保证全国大的政策方针统一的前提下,对教育事业实行分区规划、分类指导的原则。要继续转变政府职能,由对学校的直接行政管理,转变为主要运用立法、拨款、规划、信息服务、政策指导和必要的行政手段对教育事业的发展规划和发展规模、经费预算及统筹安排、教育质量、各

类学校设置标准和各类证书学位标准等进行宏观管理。由此可见，政府主要就是对教育发展的速度、规模、质量、结构进行宏观调控，使之适应经济和社会发展的需要，不断提高高等教育整体的综合效益，确保学校面向社会自主办学的法人地位。

2.基础教育行政体制改革的发展趋势

（1）转变政府职能，加强和完善宏观管理体系

建立新的教育体制，转变政府职能并加强和完善宏观管理是关键，它在很大程度上影响着地方政府办学的积极性、学校能否自主办学及市场调节和社会参与办学的程度。所谓转变职能，就是政府从学校的微观管理中摆脱出来，不再把学校视为政府的附属机构，不再进行直接的行政管理，使学校获得自主办学的法人实体地位。现行教育体制已增加了县一级政府办教育的责任和权限。

（2）进一步明确各级政府办学和管理的职责权限

职责不明、权限不清，是造成教育改革困难的主要原因。哪一级政府负有什么样的责任、享有什么样的权利，应该有一个比较明确的规定，以便各负其责。根据规定，省、自治区、直辖市应规定省（自治区、直辖市）、市（地）、县（区）、乡分级管理的权限和各自的职责，逐步健全和完善机构的调整和建设。

（3）完善教育经费筹措体制和管理体制

教育经费短缺和不足是制约基层教育进一步深化改革的重要问题，要解决这一问题，首先应建立完善的教育经费筹措体制。《中国教育改革和发展纲要》提出："要逐步建立以国家财政拨款为主，辅之以征收用于教育的税费、收取非义务教育阶段学杂费、校办产业收入、社会捐资集资和建立教育基金等多渠道筹措教育经费的体制。保证教育经费的稳定来源和增长。"根据受益情况确定教育经费的负担者，基础教育经费应由县和县级以上政府负责筹措。《国务院关于基础教育改革与发展的决定》指出，省级和地（市）级人民政府在安排对下级转移支付资金时要保证农村义务教育发展的需要。从 2001 年

起,将农村高校教师工资的管理上收到县,对财力不足、发放教师工资确有困难的县,要通过调整财政体制和增加转移支付的办法解决农村高校教师工资发放的问题。实行农村税费改革试点的地区,要把农村税费改革与促进农村义务教育健康发展结合起来,对因税费改革而减少的教育经费,地方人民政府应在改革后的财政预算和上级转移支付资金中优先安排,确保当地农村义务教育经费投入不低于农村税费改革前的水平。

(4)加强法制观念,使基础教育体制改革朝着规范管理的方向迈进

认真学习并加大普法宣传,做到家喻户晓,使教育法制观念逐步深入人心。努力形成有利于依法治教的良好的舆论环境,推动我国基础教育事业走向全面依法治教的轨道。通过建立健全教育法规来规范教育行为,使基础教育运行规范化、制度化,用法律来规定各种教育主体的责任、权利和义务。在基础教育改革过程中,要真正做到有法可依、执法必严、违法必究,使我国的基础教育在法制轨道上健康运行,朝着依法治教、规范管理的方向迈进。

第七章

高校教育计划研究

第一节 教育计划在教育管理中的应用

随着人类社会的不断发展,教育从内涵到外延都发生了深刻的变化。随着社会的发展和政治民主化进程的加快,现代教育已不再是少数人所享有的特权,现代教育尤其是高等教育已从社会的边缘走向社会的中心,接受教育已成为社会每一个成员与生俱来的权利,它与社会的经济、政治、科技、文化等都发生了不可分割的联系,已成为社会发展的动力来源。人才的素质和教育的质量已成为衡量国与国之间综合国力的重要指标。所以,为了适应教育事业迅速发展的需要,保障公众的受教育权利,促进教育与经济和社会的协调发展,提升本国的综合国力和国际竞争能力,各个国家对教育事业的管理都在不断加强。教育计划、教育规划作为国家干预、管理教育事业的重要手段之一,其作用日益受到大多数国家的普遍重视。尽管因各个国家政治经济体制、教育管理体制及运行机制的不同,教育计划、规划的地位和作用有异,但总的来说,教育计划与教育规划有以下重要作用。

一、教育计划、规划是现代教育管理的基础

正如哈罗德·孔茨所言:"计划工作是一座桥梁,它把我们所处

的这岸和我们要去的对岸连接起来,以克服这一天堑。"西斯克认为,"计划工作在管理职能中处于首位",是"评价有关信息资料、预估未来的可能发展、拟订行动方案的建议说明"的过程。可见,计划工作给组织提供了通向未来目标的明确道路,给组织、领导和控制等一系列管理工作提供了基础。计划工作在现代管理中的重要地位和作用是不言而喻的。教育计划、规划作为各级政府和教育行政部门行动的依据、纲领和指南,为教育管理工作指明了方向和目标,是现代教育管理的基础。

二、教育计划、规划有助于保证教育事业发展的稳定性和连续性

众所周知,与其他生产部门相比,教育"生产"周期长、见效慢,保持教育事业发展的连续性是教育自身的内在要求。而教育计划、规划就是以未来一定年份为规划年度,根据统一的规划目标,设计教育事业的发展方向和进程,分阶段、分步骤实施教育事业发展目标。这样不仅可以保证在一定时期内教育事业的发展目标一以贯之,保持教育事业发展的统一性,还可以在法治的基础上,保证教育事业的发展不因政府或教育行政部门的人事变更而改变方向和策略,从而保证了教育事业发展的稳定性和连续性。

三、教育计划、规划有助于充分发挥有限的教育资源

教育事业发展的无限性和教育资源的有限性是我国教育发展中不可回避的一对基本矛盾。如何利用有限的教育资源,获得教育事业最有效的发展? 教育计划、规划为我们提供了教育资源分配的基础和依据。根据教育计划、规划的目标和要求,合理分配各种教育资源,集中可能获得的教育资源进行重点投资,就能充分发挥教育资源的功用,提高教育资源的利用效率及经济效益和社会效益,从而保证教育事业得到最有效的发展。

四、教育计划、规划有助于统一思想，集思广益发展教育事业

教育系统十分复杂，它是一个多因素、多层次、多类型、多形式、多环节的系统，而教育计划是保持教育系统高度统一性的重要手段。不仅教育计划、规划的制订要吸引各方面的代表参加，集思广益，反映了各社会群体和利益集团的教育需求和利益要求，而且教育计划、规划提出的教育事业发展目标和主要政策措施有利于统一各社会群体、利益集团的认识，协调各方面的力量，共同促进教育事业的发展。

五、教育计划、规划有助于"科教兴国"战略的实现

教育由经济、政治决定，并为一定的经济和政治服务。国民经济和社会发展不仅为教育事业的发展提供必要的社会环境和条件，而且对教育事业的发展提出相应的要求，包括对教育事业的发展规模和速度、教育结构和教育内容，以及人才规格和质量等多方面的要求。只有根据客观社会环境和条件兴办教育事业，才能避免教育发展上的滞后和盲目超前，减少教育资源的浪费；也只有根据经济和社会发展的要求兴办教育事业，才能保证教育事业的发展与社会发展相适应，形成教育发展与社会发展之间的良性互动关系。我国的教育计划从一开始就把谋求教育事业的发展与经济和社会发展相适应作为主要目标之一，经过不断努力，目前已经形成了一套根据经济和社会发展的要求和条件制订教育计划的技术和方法，并有力地促进了教育发展与国民经济和社会发展相互协调，保证了"科教兴国"战略的实现。

第二节　教育计划的制订

教育计划的编制有着自身的规律，要编制一个好的规划方案，首

先必须对影响规划编制的因素进行分析;其次要严格遵守编制规划的基本原则;最后应采用科学的方法进行编制。

一、教育计划编制的影响因素

制约教育计划编制的因素是多方面的,主要包括人口因素、经济因素、政治因素、文化因素。

(一)人口因素

教育的职能在于培养人。因此,在制订教育计划时,首先要考虑人口动态。所谓人口动态,主要指人口的增长及人口的迁移而引起的人口变化。人口增长不仅造成了人数的增加,还导致了人口年龄构成和性别构成的变化。人口的迁移,主要影响着人口的地理分布,进而影响社会需求的变化。影响人口动态的因素有四种,分别是出生人数、死亡人数、外来居民人数、移出居民人数。自然增长数是出生人数减去死亡人数,一般是正数。自然增长的原始比例,是用每1000人增长多少的方法来表示的。在实行义务教育的国家,普通教育的发展规模、求学者人数的多少与人口因素密切相关。在多数国家里,普通教育指的是初等教育和中等教育的初级阶段。这个阶段的教育同时也是全民义务教育的范围。普通教育求学者的人数与人口出生率、年龄组构成相联系。

人口因素也影响着教师的需求量。因为教师人数与求学者人数和国家规定的,或学术界公认的师生比有关。在制订教育计划时,要依据教育事业发展的规模与速度、求学者人数预测教师的需求量。在师资来源上,要考虑培养新师资、现有教师在职培训、专业师资补充等方面。

(二)经济因素

教育计划作为国民经济发展规划的一部分,要保证使教育发展与国民经济其他部门的发展相适应。在进行教育决策、制订教育计划时,要从国家一定时期内的经济发展水平出发,处理好教育普及与提高的关系。因为在普及文化、实行义务教育与发展中,高等教育是两个不同的教育目标,在国家经济不发达、生产力发展水平较低的状况下,首先应该集中力量发展普通教育,提高民族的文化科学素质和思想道德素质。高等教育的发展也要保持适当的规模。

在一个国家里,由于各地区经济发展不平衡,所以应对不同经济水平的地区提出不同的教育发展的要求。应当先致力于经济发达地区的教育发展,对于经济发展较差地区的教育发展要量力而行,不能操之过急,否则将欲速则不达。国家经济和社会发展对人才的需求是多方面的,教育事业发展的规模、专业设置、培养人才的规格等,要与经济和社会发展多方面的要求相适应。

随着科学技术的迅速发展,劳动密集型经济向资本密集型经济发展,进而向知识密集型经济转化,所以经济发展对劳动力素质提出的要求也在不断提高。当前,世界上经济发达国家开始出现了延长义务教育年限、教育由低层次向高层次发展的趋势。在制订教育计划时,也需要适应这方面的新情况、新要求,还应当充分地估计国家和社会的经济条件究竟能为教育事业发展提供多少人力、物力、财力资源,充分考虑如何提高教育投资的使用效率。经济因素是教育事业发展的物质基础,也是制订教育计划时必须考虑的一个重要依据。

(三)政治因素

马克思主义认为,政治是经济的集中表现。在上层建筑领域,政治起决定作用。一个国家的政治制度直接制约着教育领导权由谁掌握、谁能接受教育、受什么样的教育、教育目的和教育内容等重要方面。

在制订教育计划时,要考虑政治环境是否安定、政策是否具有相对稳定性和连续性、政府在教育目标上的要求及对教育的支持程度等因素。要把我国建设成为富强、文明、民主的社会主义现代化国家,教育的地位和作用十分重要。它不仅是经济发展的战略重点之一，而且对提高全民族的思想道德素质和科学文化素质也具有极其重要的影响。因此，制订教育计划要从社会主义现代化建设的全局出发，要充分重视教育的战略地位，充分发挥教育的重大作用。

二、教育计划编制的原则

（一）不平衡发展的原则

不平衡发展在我党社会主义建设史上是一个崭新的战略思想，它来自对我国国情的透彻剖析，并用于经济发展。邓小平同志于1978年12月13日在中共中央工作会议上提出，在经济政策上要允许一部分地区先富起来，并说："这是一个大政策，一个能够影响和带动整个国民经济的政策。"这个大政策在经济工作实践中迅速收到了显著成效，随即用于教育。

1980年，中央领导同志在听取教育部党组工作汇报时指出："教育要从中国的实际出发。"中国的实际有两点。第一，中国不提高教育水平，"四化"搞不成。第二，中国人口众多，经济不发达、不平衡，齐头并进提高教育水平不可能。因为教育的发展是受经济水平制约的。在一定时期内，中共中央《关于教育体制改革的决定》从不平衡发展的原则出发，对不同地区的教育发展目标进行了细致的划分。

齐头并进和不平衡发展不是一般的方法之分，它反映了我们党和国家对于中国建设规律认识的深化。长期以来，我们对于经济发展不平衡决定教育发展不平衡的规律认识不足，1953年有人曾提出教育工作存在两种不平衡，但没提到地区之间的不平衡，在编制教育计划时对不同发展水平地区没有进行仔细划分，总是一般化地要求齐头并进。但这样的要求总是调动不了齐头并进的积极性。过去，教育计划常常不能落在实处，有不少是因为没有按照不平衡发展的原则因地制宜地提出要求。只有承认不平衡，坚持不平衡发展的原则，才能真正形成各种不同水平地区争先奋进的局面，并使先发展起来的地区对后进地区发挥带动、帮助作用，从而使整个教育事业向前发展。

不平衡发展作为教育计划编制的一项原则,具有普遍的指导意义。中共中央《关于教育体制改革的决定》指出,不仅要承认全国各省市之间经济文化发展的不平衡性,还要承认在一个省、一个市、一个县范围内的发展也是不平衡的。但也必须认识到,教育的不平衡发展源自经济发展的不平衡,可又并不完全取决于经济发展的不平衡,还有一个重要的因素是领导者的眼光和能力。在我国现阶段,由于经济发展水平还不高,部分地区忽视教育的情况在相当程度上还存在,领导者的因素更显重要。所以,不平衡发展也包含着承认领导者眼光、能力不平衡的因素,鼓励一部分地区先发展起来,包括鼓励有远见的成熟领导者在有限的财力、物力条件下,把教育搞上去。不平衡发展的原则不是要消极地受制于经济发展水平,而是能动地利用客观条件的同一地区之间的积极竞赛。不平衡发展实际上是一种动态平衡。决定中说:"在新的经济和教育体制之下,各地将有充分的可能发挥自己的经济和文化潜力,加快教育事业的发展。"运用不平衡发展的原则编制教育计划,特别是编制由地方负责、分级管理的普通教育计划,尤其要注意并充分体现这一精神。

(二)按照社会主义建设需要发展的原则

这一原则是由教育为社会主义建设服务的指导思想决定的。教育发展之所以放在首要位置,就因为社会主义建设需要依靠教育。离开了社会主义建设的需要去规划教育的发展,规划就完全或部分失去了意义,甚至使教育工作走偏方向。

在过去一段较长时期内,受传统教育思想的影响,编制教育计划有时从教育自身出发,片面认为使受教育者达到一定学历就是为社会培养人才,脱离经济和社会发展的实际需要;有时只讲为政治运动服务,不讲经济和教育的发展规律,造成教育工作和社会主义现代化建设需要不相适应的局面。按照社会主义建设的需要编制教育计划,在今后一段时间内,要逐步从根本上扭转这种不相适应的局面,使社会主义建设和教育互相促进、协调发展。

按照社会主义建设需要发展教育，首先必须了解社会主义建设对教育和人才的需求。制订教育计划之前，要认真研究经济和社会发展规划，要实地进行经济和教育的调查论证。在此基础上，使教育体制、教育发展速度、教育结构和经济体制、经济发展速度、经济结构相适应，使教育的近期、中期、长期发展规划和社会主义建设的近期、中期、长期的需要相适应。教育计划本身就是现代经济学研究的产物，又是经济和社会发展规划的有机组成部分。如果不懂经济，不了解社会主义建设全局，就无法编制教育计划。

（三）教育内部协调发展的原则

这一原则和前一原则是互相补充的两个侧面。前一原则是说教育与外部的协调发展，但教育与外部的协调发展是建立在教育内部协调发展的基础之上的。当然，教育内部协调发展的机制是根据外部对教育的需求建立起来的。社会主义现代化建设要求现代教育为其服务，因此，所说的教育内部是指与社会主义现代化建设全方位适应的教育的内部，而不是传统的、封闭的、单一的教育的内部。教育内部可以分为纵向和横向两个序列，即通常所说的"各级"与"各类"。从纵向看，有从托幼开始到研究生的各级教育；从横向看，有基础教育、职业技术教育、高等教育、成人教育四大类，每一类又分为若干小类。实现了教育内部协调发展不仅要求纵向的"各级"要成比例、横向的"各类"要成比例，纵横网络的"各级各类"也要成比例，而且各级各类教育都要分别适应社会的需要，不可能先把教育内部协调好再去和外部衔接；又因为各地情况不同，对各级各类教育要求不同，所以各级各类教育之间很难确定固定的比例和模式。但各级各类教育之间在一定时期内总有一个比较适宜的比例关系，有一个基本上能够普遍适用的数学模型。在编制教育计划中贯彻教育内部协调发展的原则，是指应按照教育工作一般规律，结合本地实际情况，保证各级各类教育有规划地按照最佳比例发展。

（四）讲求效益、坚持标准的原则

发展教育需要投资，投资就要讲求效益。从某种意义上说，制订教育计划就是为了合理配置教育资源，获取尽可能大的效益。我国现阶段，一方面，教育基础薄弱，投入教育的财力、物力有限；另一方面，社会主义现代化建设迫切需要优先加速发展教育。制订教育计划，用有限的财力、物力把教育搞上去，具有更重要的现实意义。提高教育投资效益的根本目标在于提高教育质量，多出人才，快出人才。单从经费角度上看，主要应避免两种浪费，即人力资源浪费和结构性浪费。避免人力资源浪费，要制定合理的编制标准，提高每一位教师负担的学生人数，精简机构和人员。避免结构性浪费是深层次要求，对于提高教育投资效益关系更大。前文所述的按社会主义建设需要发展教育及教育内部协调发展，都是避免结构性浪费所必需的。合理布局、提高规模效益则是避免结构性浪费的直接手段。

对于学校规模，国务院关于《中国教育改革和发展纲要》的实施意见规定：“到 2000 年，学校平均规模，本科院校要达到 3500 人以上，专科学校要达到 2000 人以上，中专学校要达到 1000 人以上，技工学校要达到 500 人以上，职业高中要达到 600 人以上。”

办教育和办其他事业一样，需要一定的条件，这是最基本的常识。但是在 20 世纪 80 年代之前，我们的教育计划却往往忽视了这一点，或脱离实际，无法实现；或因陋就简，造成更大的浪费。造成这种状况的主要原因是思想路线不够端正，或受不良思想的影响，或盲目攀比，追求高指标、高速度。既缺乏科学系统的而又必须严格执行的办学标准，因而无法核算在发展各级各类教育时为达到办学条件标准所必需的人力、财力、物力。从 20 世纪 80 年代中期起，国家已经陆续颁布了各级各类学校办学必要条件的基本标准。我国幅员广阔，各地经济、教育发展不平衡，各省、市、自治区根据国家规定的办学条件基本标准，结合本地情况制定了具体标准。办学条件标准是重要的教育行政法规，教育部门必须严格执行。编制教育计划要按办学条件标准计算出所需的人力、财力、物力,并提出切实有效的保障措施。

总之,制订教育计划要正确处理教育与经济、社会发展之间及教育内部的各种矛盾,统筹协调好各种密切相关的各种因素之间的关系,以保证教育事业的健康发展,自觉保持各项主要比例关系的协调,使教育投资获取最大的社会效益和经济效益。这是教育计划工作的重要原则和根本任务。

第三节　教育计划的执行和控制

规划不是仅供参考的方案,而是确定性的需要付诸行动的决策。执行规划不是一般性的行政事务。为了有效地执行规划,不仅需要行政的方法、法律的方法,还需要辅助宣传、教育等方法。在执行教育计划的过程中,应根据客观情况的变化和规划执行过程中的反馈信息,及时地对规划进行适当的调整。

一、教育计划的执行

执行教育计划是政府行为,主要依靠各级政府和教育行政机关及其领导者的权力,依照带有强制性的行政命令,采取各种行政手段予以实施,最基本的工作方法是具有权威性、强制性的行政方法和具有规范性、概括性的法律方法。行政方法针对性强,便于集中统一、灵活机动、效率高。法律方法或直接把规划作为法规,或运用法规为规划提供保障,可以依法自动调节各种组织的纵横关系,便于横向沟通,有利于统一行动,与行政方法相辅相成。

在运用行政方法和法律方法时,还需要一些不可缺少的辅助手段。

(一)宣传教育

根据规划的性质和任务,向有关部门和全社会宣传制订该规划的重要性、必要性,宣传该规划的制订过程和内容,说明该规划的科学性、可行性,从而统一认识,提高各方执行规划的自觉性、主动性。

(二)经济调节

对贫困地区给予教育财政援助,本来就是教育计划的题中之义。可以对模范执行规划的地区从经费上给予奖励或扶持,对不认真执行规划的地区可以援引有关规章适当扣减某些专项经费。

(三)咨询顾问

咨询顾问主要是在预测规划执行中可能出现的问题及应采取的对策,提供执行同类规划的先进经验,帮助诊断和解决规划执行中的难题,如督导评价、通过督政督教及时评价执行规划的进度和效果等。

目标管理是各级行政部门普遍实行的管理制度。规划的执行与目标管理是相通的。目标管理以成果为管理重点,根据各个层次的目标,建立各个层次的责任制。规划虽更多是着眼于宏观和全局,不像目标管理的指标体系那样面面俱到,但两者的目标是一致的,方向和过程也大体是一致的。规划是实行目标管理时确定目标的重要依据,目标管理则为分步落实规划提供了可靠保证。规划执行与目标管理这种相辅相成的一致性,在分级管理的教育体制下,对于规划的实施具有十分重要的保证作用。

二、教育计划的控制

"控制"一词在汉语里是"驾驭、支配"的意思,在现代管理理论中是指控制者为了达到一定目的,使被控制者改变或保持某种运动方式或状态的过程。教育事业规划的控制就是为了达到规划目的,通过反馈信息对规划执行情况和规划的本身不断地进行调节。对规划的控制是保证规划实现的必要手段,规划的时间跨度越大、规划的范围越广,对规划的控制就越重要。

对教育计划实行有效控制,必须具备两个方面的基本条件:

第一,要有明确的控制目的和控制标准,包括规划指标、实施步骤、分级责任等。这是施控的前提,是改变或保持受控系统发展方向或运动状态的依据,是对规划本身提出的要求。

第二,要有控制系统和控制手段。通俗地说,有了控制目的和控制标准,必须有人去实施,这就要有实施控制的职能机构和人员。控制机构和工作人员应有明确的责任和权利,工作人员应有实施控制的能力,明确控制目标和控制项目,能够根据需要采取各种必需的控制手段。在各级教育行政机关建立的督导机构就是强有力的控制系统。由于控制系统的施控和受控都是人,所以要求施控者具有更高的素质。控制手段就是控制方法和控制技术,诸如选点抽查、分段测算等方法,统计报表和各种现代信息工具等技术。有了具备实施控制能力的行使、控制职能的机构和人员,就能够运用控制技术按照规划确定的指标、步骤、责任进行有效控制。教育行政机关的职能部门,对于总体教育计划的相关部分,一般都具有实施控制的责任。

控制离不开反馈,系统的控制是以反馈为条件的。虽然在编制规划时有超前控制或预先控制,但这种控制主要依靠过去的经验,而经验的积累正是反馈的结果。反馈不是单向的信息返回,也不仅是了解控制结果,更重要的是要把返回的信息即前段控制的结果再送入系统中去,用作评价系统状态和调节下步控制的依据。将这种原理用于教育计划的控制,就是把规划的执行结果通过各种信息不断地传送回来,返回的信息证实规划执行情况良好,即所谓的正反馈,就要巩固成绩、总结经验、及时推广。返回的信息证实规划执行中问题较多,即所谓的负反馈,就要分析原因、寻求对策,如果是属执行中的问题,则调节执行中的各种因素;如果是属规划本身的问题,则调整规划。把执行系统中的问题当作规划本身的问题而调整规划,把属于规划本身的问题当作执行中的问题而强制执行,这些都是规划管理中需要注意避免的失误。反馈还必须及时。因为反馈的意义在于调整下一次控制,不能调节下一次控制的反馈便失去了意义。为使教育计划管理实现科学化、现代化,必须建立健全信息反馈系统,采用现代信息工具。

参考文献

[1]陈博,刘湘,张斌.高校教育管理的方法研究[M].长春:吉林
　　出版集团股份有限公司,2022.

[2]关洪海.高校教育管理与创新实践研析[M].北京:冶金工业
　　出版社,2019.

[3]赵艳."微时代"高校学生教育管理工作探究[J].新西部,2017
　　(7):123-124.

[4]宋志彬.论中职院校学生教育管理与素质教育[J].黑龙江科
　　学,2017,8(5):94-95.

[5]张育琳.大数据时代下高校教育管理信息化创新发展路径
　　[J].焦作大学学报,2017,31(4):111-113.

[6]陈桂香.基于大数据的高校教育管理研究[M].北京:科学出
　　版社,2018.

[7]车品觉.决战大数据:大数据的关键思考[M].杭州:浙江人民
　　出版社,2016.

[8]杜婧敏,方海光,李维杨,等.教育大数据研究综述[J].中国教
　　育信息化,2016(19):1-4.

[9]傅树京.教育管理的理论与实践探索[M].北京:人民出版
　　社,2020.

[10]吴小玉.网络多模态环境下的高职 ESP 教学模式构建[J].
　　林区教学,2020(8):67-69.

[11]E.马克·汉森.教育管理与组织行为[M].冯大鸣,译.上
　　海:上海教育出版社,2005.

[12]张燕,安欣,胡均法.现代高校教育管理与教学创新研究
　　[M].天津:天津科学技术出版社,2023.

[13]杜红梅.高校教育管理的方法研究[M].长春:吉林出版集团

股份有限公司,2022.

[14]吕村,谭笑凤.高校教育管理与教学研究[M].长春:吉林文史出版社,2021.

[15]杨大方,宁先胜,孙作青.高校学生管理法治化的理性思考[J].现代教育管理,2019(3):112-116.